出口王仁三郎著

霊主体従

未の巻

〔霊界物語 第八巻〕

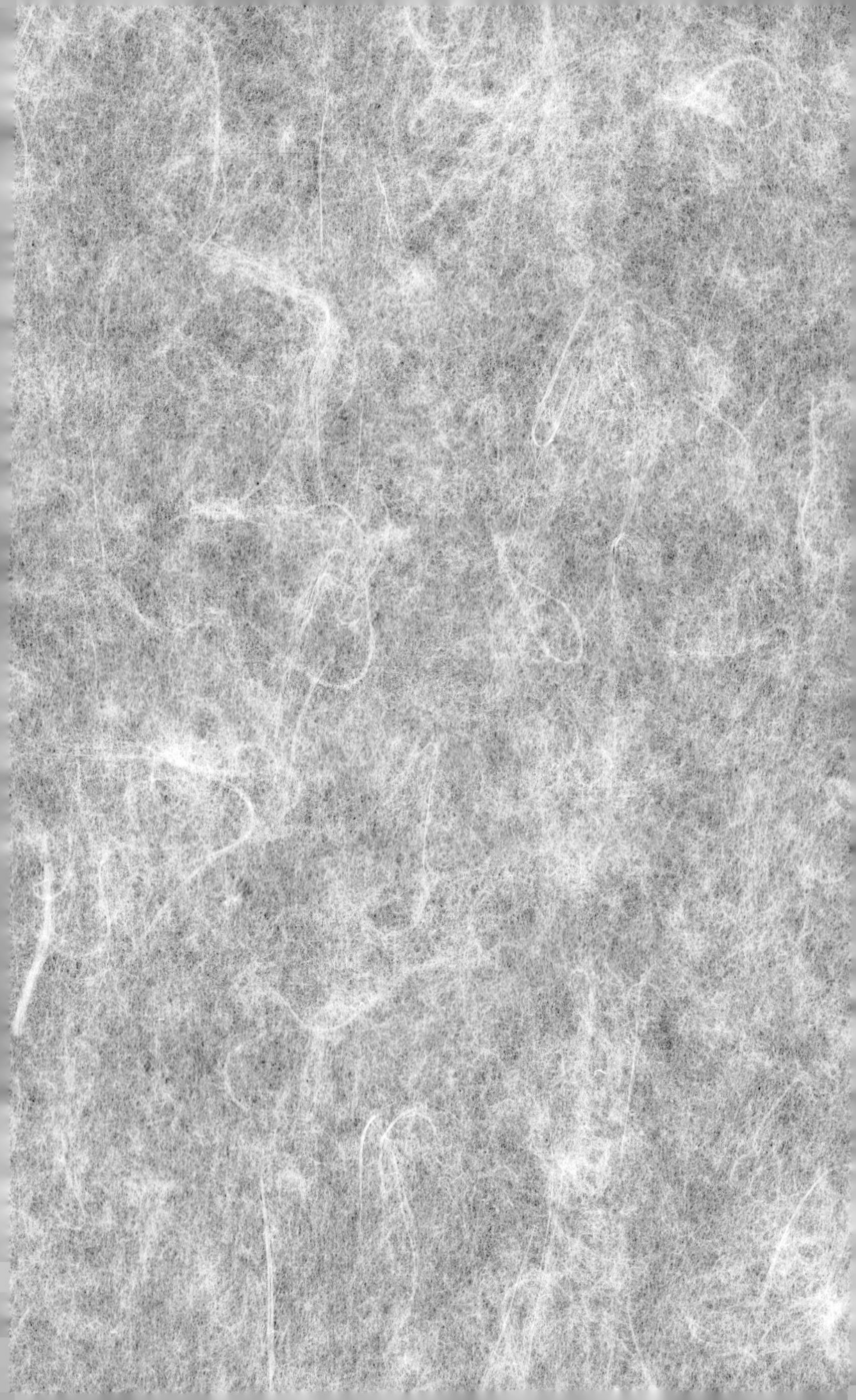

浄瑠璃を語られる　出口聖師

五六七殿に祀られていた　大八洲彦命　（大正11年）

序文

総じてこの霊界物語は、口述の最初にあたり五百六十七節にて完成する考へをもつて、一冊を五十節に刻み全十二冊の予定のところ、到底これにてはその一部分をも講了すべからざるを覚り、本巻よりは一冊五十章組の規定を破り、口の車の行き突きばつたりに歩を進むることといたしました。

そもそもこの物語は、現、神、幽三界に渉つた神人の活動の一部を、神示のままに述べたもので、今日の人々の耳には入り難く、また受取れない点もたくさんあらうと思ひます。また各国の神話や、歴史等に現はれたる事実は、なるべくこの物語には載せない心算です。

要するに神話に漏れたる分のみを、ここに発表することといたしました。信ずると否とは読者の自由ですから、夢物語と思つて見てもらつても結構です。しかしながら読めば読むほど面白く、精神上に一つの光明を認め得ることと信じます。

大正十一年二月十一日　紀元節に

亀岡　瑞祥閣に於て　王　仁　識

目次

第二篇　四十八文字

第三篇　秘露より巴留へ

第四篇　巴留の国

第五篇　宇都の国

第六篇　黄泉比良坂

霊主体従

未の巻

口述著者　出口王仁三郎

総説

最も戦慄すべく、もつとも寒心すべき猛鷲の、暗雲の中より飛来して、聖処を荒し暴威を振はむとする三日前の夜半、松雲閣に瑞月が心さびしく横臥せる枕頭に、忽然として現はれたまへる教祖の神影、指示桿をもつて、三、四回畳を打ちたまふさま、あたかも馬に鞭打つがごときその御模様、瑞月は直ちに起き直り、頓首合掌しながら、「いよいよ明日より神界の御命のごとく、霊界物語の口述に着手いたしますから、御安心下さいませ」と申し上げるや、直ちに打ちうなづき莞爾として、貴き神姿を隠させたまひました。それよりいよいよその翌日なる昨年十月十八日より着手することになりましたが、教祖の御加護日に月に加はり、御蔭をもつて病気中にもかかはらず、漸く第八巻を口述しをはることを得ました。

神代における神々様の世界宣伝の御模様は、本巻よりいよいよ明瞭になつてきます。読者の中には、霊界物語は教祖の御意志に反したる著述のごとく、誤解されてをる方々もあるやうに聞きますから、その誤りを解くために総説に代へ、一言ここに本書出版の教祖の神の御神慮に出でたる理由を簡単に説明しておきます。

大正十一年二月十一日

王仁

第一篇　智利の都

第一章 朝日丸（三五一）

。ひがしや西や北南　。のどかな春の海面を
。出船入船真帆片帆　。のり行く男子女子の
。かげも静かに揺られつつ　。みづさへ清き浪の上
日の出神の宣伝使　乗せゆく船は朝日丸
御稜威も高き高砂の　智利の都に進むなり。

折から吹きくる東風に、船脚早く海面に漂ふ大小無数の島影を右に避け、左に曲り、舟人の楫取り巧みに天下の絶景を進みゆく。

東海の波を蹴つて踊り出でたる太陽も、漸く西天にその姿を没し、海面は烏羽玉の暗と

化したり。大小無数の漁火は海面に明滅し、漁夫の叫ぶ声は、猛り狂ふ浪の音かと疑はるるばかりなり。漁火の光は長く海中に垂れ、浪に揺られて蛟竜の海底より水面に昇るがごとく、その壮観譬ふるに物なく、海底の竜宮もたちまち霊光の燈火を点ずるかとばかり疑はるるに至りけり。

あまたの船客は、この光景を眺めて雑談に耽る。

甲『おい、猿世彦、スペリオル湖を渡つた時とこの海を渡る時と、どれだけ心持が違ふか』

猿世彦『ソンナことを誰に聴いたか、そりや他人のことだよ。貴様は高白山でどうだつたい』

駒山彦『高白山は高白山だ。浪の上を渡る時に山の話をする奴があるかい。木乃伊の化物の話なつと聴かしてもらはうかい』

丙『たがひにソンナ昔のろくでもない失敗談を繰返すよりも、もつと気の利いた話をしたらどうだい』

駒山彦『ウン、貴様はなんでも三五教とかの信者になつたといふことだが、三五教の教理を偉さうに宣伝使気取りで、そこら中で喋つてゐるといふことだが、一遍俺にも聴かしてくれないか』

丙『貴様のやうなウラル彦や美山彦の崇敬者に、説教は禁物だ。また海の上でソンナ話を始めると、木乃伊になると困るから止めておかうかい。俺を貴様は今「信者だ」と言うたが、乞食の子でも三年すれば三つになるといふことを知らないのか。初めは信者でも今は立派な押しも押されもせぬ三五教の宣伝使様だ。「おい、聴かせろ」なんてソンナ失礼なことを、生神の宣伝使にむかつて言ふ奴があるかい。吾々は畏れおほくも、天教山の木の花姫命の宣伝使ぢやぞ』

猿世彦『さうだらう、狂人の癲狂山だらう』

丙『木乃伊の知つたことかい。木乃伊が海へ陥りよつて、化けて鰡になるといふことがある。あの日の光に照らして見よ。海の底にたくさん貴様の友達が泳いでゐるわい、木乃伊が鰌になつて、鰌の頭に虱が生いて、世界の事は何一つ鰌の阿呆神が、三五教の教理を聴いたところで分るものでない。言はぬは言ふにいや勝るだよ』

猿世彦は面膨らして、丙の顔を睨みつける。その膨れ面は、漁火に照らされて面白くはつきりと見えたり。

『よう、猿世、大分に膨れてゐるな』

と言はれて、猿世彦はますます膨れる。暗の中から二、三人の女の声として、

『やあ、貴方はうけたまはれば三五教の宣伝使とか聴きましたが、かうして広い海を無難に気楽に渡らしていただくのも、みな神様の御神徳だと思ひます。かういふ結構な機会はありませぬ、どうぞ一つ三五教の教を聴かして下さいませぬか。吾々は熊襲の国の者でありますす』

と誠心から頼みいるにぞ、宣伝使は二人に構はず、

『いづれの方か、何分暗夜のこととて御顔も分りませぬが、私は三五教の宣伝使の卵ですよ。最前から二人の男が、あんまり豪さうに法螺を吹くものですから、俺は三五教の宣伝使だと威張つて見せたものの私も熊襲の者で、まだ宣伝使の卵で自称候補者です。何でも日の出神とかいふ立派な宣伝使が、高砂の洲へ行かれたとか、行かれるとかいふことを風の便りに聞いたので、高砂の智利の都に行つて、その御方に会つてみたいと思ふのです』

暗黒の中より女の声、

『貴方はそこまでの御熱心なら、三五教の教理は少しは御存じでせう。一歩でも先に聴いた者は先輩ですから、貴方の御聴きになつた事だけなつと話して下さい』

猿世彦『世間には、物好きもあるものだなあ。どなたか知らぬが、コンナ宣伝使に聴いたつ

て何が分るものか。この男はな、偉さうな面つきして宣伝使の卵だと言つて、傲然とかまへてゐるが、此奴の素性を洗つてみれば、もとは竜宮城にをつて、そこを追ひ出され、鬼城山の食客をしてゐて、鬼城山でまた失敗をやつて縮尻つて、改心したとかいつて常世の国を遁げ出し、筑紫の国で馬鹿のかぎり、悪のかぎりをつくして再び元の古巣へ帰るところなのですよ。こいつは清彦ナンテ名は立派だが、実は濁彦の、泥彦の、穴彦といふ男だ。彼岸過ぎの蛇のやうに、穴ばつかり狙つてゐるのだ。貴方は女の方と見えますが、コンナ奴に相手になりなさるな。穴恐ろしい奴ですよ。此奴はうまうま、、、ハマる穴がないので、穴ない教の宣伝使ナンテ吐かすのだ。アハ、、、』

と大口を開けて力いつぱい嘲りける。

清彦『コラ猿、何を吐かすか。貴様も鬼城山で国照姫の御主人面をして偉さうに構へてをつたが、いつの間にやら棒振彦にその位地を奪られよつて、馬鹿の美山彦の家来となり、どどのつまりは大勢のものに愛想をつかされて、いよいよ鬼城山を泣く泣く猿世彦の馬鹿者、他人の穴をほぜくると自分の穴が出てくるぞ。俺は縦から見ても横から見ても、立派な智仁勇兼備の穴のない男だ。それで三五教の宣伝使様だ。

　穴を出て穴に入るまで穴の世話　穴おもしろき穴の世の中

人の穴は、探らぬがよからうぞ。ナンボ猿世彦でも、猿の人真似ばかりしよつて恥を騒くよりも、これから改心して庚申さまの眷属のやうに、見猿、聞か猿、言は猿を守るが、貴様の利益だ。ぐづぐづ言うとまた木乃伊にしてやらうか』

かくのごとく雑談に耽りゐる。春の夜は短く明けて再び東天に陽の影が映し、一同の顔にも夜が明けたるやうに元気輝きにけり。

（大正一一・二・六　旧一・一〇　外山豊二録）

第二章　五十韻（三五二）

日の出神は雑談を床しげに、世道人心の傾向を探る羅針盤として、耳を澄まして船の小隅にかがみ、素知らぬ振りに聞き流しゐたり。清彦の自称宣伝使は諄々として三五教の宣伝歌を歌ひ始めたり。

駒山彦、猿世彦はウラル彦の宣伝歌を歌うて混ぜ返しに全力を注ぐ。されど船中の人々は何ゆゑか三五教の清彦に同情し、清彦の説教をしきりに求めて止まざりける。

清彦は得意満面に溢れて矛盾脱線だらけの講釈をはじめ、かつ鼻高々と、

『世の中のことは一切万事この方の心の鏡に照り渡つてゐる。大は宇宙の根本より小は虱の腹の中までよく透き通つてゐる。三五教の宣伝使　清彦とは吾がことである。何を問

はれても知らぬといふことはない。三五教の一つも欠点のない、いはゆる穴のない宣伝使だ』
と大法螺を吹き立てける。
甲『貴方は小野の小町の再来か、穴がないとおつしやつたが大小便はどうなさりますか』
清彦『それは穴ではない、筒と洞とだ。筒と洞とはあつても穴はない』
猿世彦『筒ツ洞を吹くない。貴様の耳、鼻、口はそりや何だい。それでも穴がないのか。さうだらう、麝香と屁の香とを一緒にしたり、酒と泥水の味を一緒にしたり、鬼の叫び声と天人の音楽とをごつちや混ぜにする宣伝使だから、穴が塞がつて三五教だらうよ。イヒヒ、、』
清彦『黙つてこの方の宣伝を聴け、酒食ひ教奴が。ウラル彦の唱へだした大中教の奴は、いつも酒に酔つたやうな、支離滅裂な説教を吹き立てよつて人を困らす駒山彦、人真似の上手な猿の尻笑ひの猿世彦だよ』

猿、駒二人は烈火のごとく怒つて清彦に飛びつくを、清彦は、「何を小癪なツ」と言ひながら拳骨を固めて二人の頭をぽかりとブンなぐる。二人は左右の手をしつかと握り、

『コラ、清彦、三五教は直日に見直せ聞き直せといふ教ださうな。俺が貴様をブンなぐつても、真に三五教の信者なら見直すのぢやぞよ』

と言ひながら、

『この腰抜野郎』

と拳骨を固めてポカツと打つ。

猿世彦『コラ清彦、三五教は聞き直すのだぞ。馬鹿野郎といはれても聞き直せ。腰抜野郎、穴探し野郎』

駒山彦『三五教は宣り直すのだ。今まで俺らの欠点を大勢の中で吹き立てよつて、これも今

ここで宣り直さぬか。自分の悪いことは棚から降してすつかりここで白状するのだ。さうして俺らの悪口を言つたことを残らず嘘言でございました、と船客一同に嘘言つきのお詫をするのだ。貴様が今ここで大恥をかくのも、三五教の教理からいへば惟神だ、御経綸だ』

清彦『エヘン、オホン、アハン、ウフン、イヒン』

駒山彦『ソンナことを言つて分るかい』

清彦『カンカン』

猿世彦『カンカンぢやない、堪忍してくれと言へ』

清彦『キンキンだ』

猿世彦『謹慎すると言ふのか』

清彦『謹聴せい、この方の天来の大福音を。クンクンと苦しんで吠面かわいて、ケン、ケン、喧嘩ならどこまでも行くぞ、コンコンさまに抓まれよつて、サッサッと鬼城山を逃げ出し、セ、、雪隠シ、、死物狂ひになつて、ス、、凄い目にあつて煤煙のやうな黒い顔をして、虫奴が糞垂れ腰になつて、ソ、、そこらあたりを、タ、、立ちん坊の乞食姿となり……』
猿世彦『貴様何を吐かす。大勢の前で人に恥を掻かせよつて、ちつとは前後を考へぬか』
清彦『チ、、ちつとは貴様も考へて見い。恥辱と思ふならもい、ちつと智慧を光らして、人の欠点をなぜ包まぬか。人を呪へば穴二つだ。三五教には穴はないぞ。ツ、、つまらぬ大中教とは、訳が違ふのだ。テ、、天然棒の星当り、手癖の悪い猿駒の、ト、、徹底どんづまりは栃麺棒の頓珍漢の蜻蛉返りの……』
猿世彦『コラ清彦、口に関所がないと思つてあまり馬鹿にすな。何を吐かしよるのだ』
清彦『ナ、、何もかも吐かしよるので情なからう。情なくとも何ほど難儀でも泣面かわいても、情容赦があつて堪らうかい、スペリオル湖の木乃伊先生が。ニ、、憎まれ子世に覇張る。憎まれても睨まれても、二進も三進も口の開かぬやうにしてやるのだよ、ウフ、フ、』
猿世彦『清彦、貴様あまりぢやないか』
とまたポカンとなぐる。
猿世彦『サー吐かすなら吐かしてみい、また拳骨のお見舞だぞ』
清彦『ヌ、、吐かさいでかい。糠に釘、豆腐に鎹、盗人猛々しいとは貴様のことだ。人の家へヌーと這入りよつて、人の物を何しよつて、スーと出て来よる手癖の悪いヌースー人奴が、ネ、、捩け曲つた奴根性、ノ、、野太い野良猫奴が、ソコラぢうをのさばり歩きよつて、ハ、、あまりをかしうて笑ひが止まらぬ。恥を知れ、薄情者、禿頭、腹が立つたらもつともつと殴れ、俺の頭は鉄で作つてある。しまひには貴様の手が痺れるだけだ。ヒ、、非道い目に遇ふぞ。僻み根性の非常識のヒンダのかす、蟇蛙の屁放腰、フ、不思議な猿のやうな、面をふくらしよつて、不足さうに梟鳥の宵企み、へ、、屁など吸はしてやらうか、屁古垂れ奴。返答はどうだ、、、閉口したか。ホ、、呆け野郎、、ほろ年寄つて若い者の尻を追ひまはして肱鉄を食ひよつて、マ、、真赤な恥を柿のへた、、、下手なことばかりして見つけられ、大地に屁太張つて屁古垂腰で、閉口さらし、、、た猿世彦、マ、、間男好きの駒山彦、困つた腰抜け困りもの、ミ、、身の上知らずの蚯蚓虫、腐つた土の中から這ひ出しよつて、大地を吾が物顔にの、、、たくり廻り、酷い日光に照らされて、体は干乾のカ、、、、、ンピンタン、駒山彦のカ、、、、、ンピンタンに猿世彦の木乃伊とはよく揃つたものだワイ』

猿、駒、一時に拳骨を固めて、

『エエやかましいワイ、もつと拳骨をお見舞ひ申さうかい』

とまたもや打ちかかる。

清彦『ム、、む、、、、かづくか、無念なか、む、、かつ腹が立つか、俺のいふことを無理と見るか、虫けら同様の駒猿奴、メ、、眼を剥きよつてその態は何だ。迷惑さうな面を曝しよつて面目玉を全潰しにされて、めそめそ、、、、と泣きだしさうなその態、面食つたか心盲ども、モ、もうこれで許してやらうと思つたが、貴様たちは物が分らぬから、もつと揉んでやらう。揉んでやらうといつても按摩ぢやないぞ』

猿、駒『人を馬鹿にするない、黙つて聞いてをりや言霊の練習をしよつて、ヤ、、喧しいワイ。イ、、いつまでも、ウ、、迂濶者の狼狽者の嘘言吐きの言霊もウンザリ、、、してしまふワイ。エ、、偉さうに三五教の宣伝使ぢやなんて、オ、、大きな法螺ばかり吹きよつてお尻が呆れるわ』

清彦『コラ貴様らはいつのまにか俺のお株を占領しよつて。ヤイ貴様は真似したつもりだが、ヤイウエオといふことがどこにある。俺の言ふことをもう一度聞け、ヤ、、やいやい吐かすな八岐大蛇の乾児奴。イ、、鼬に最後屁をひつかけられたやうな面つきをしよつて、ユ、、言ひ損なひばかりしよつて、エ、、えい加減に恥を知つたがよからう。ヨ、、ようソンナ馬鹿気たことが言へたものだ、ラ、、』

猿、駒『もうこれで怺へてやるから後は止めてくれ。言はしておけば終ひにはドンナことを吐かしよるか分つたものぢやないワイ』

清彦『ラ、、埒もない、リ、、理屈を並べよつて、ル、、留守の家ばかり狙つて歩きよつて、レ、、連子窓を暗の夜に覗いて廻りよつて、女の臭い尻をつけ狙ふ、ロ、、ろくでなし奴が、論にも杭にもかかつた代物ぢやないぞ。許すの許さぬのつて、ワ、、笑はしやがる、己のことを棚に上げて威張り散らして、ヰ、、井戸の底の蠑螈奴が、ウ、、五月蝿いで、もう止めてやらうか、ヱ、、遠慮しといてやらうか、ヱー加減に甚う俺も疲れたからな、ヲ、、終りだ』

猿、駒『もう貴様、そこまで五十韻を並べよつたら得心だらうかい。それだけ欠点を探したら、もう探(さが)さうたつて有(あ)りはせまい。さつぱり穴無教(あなないけう)だ、南無(なむ)三五教(あなないけう)の宣伝使(せんでんし)様(さま)、アハ、ハ、イヒ、、、ウフ、、、エヘ、、、オホ、、、』

（大正一一・二・六 旧一・一〇 加藤明子録）

○

谷底(たにそこ)に育(そだ)ちし木々(きぎ)は直(すぐ)なれば

国(くに)の柱(はしら)を採(と)るに具(ふさ)はし

高山(たかやま)に生(お)ひたる木々(きぎ)は曲(まが)りゐて

柱(はしら)に成(な)らぬものばかりなり

第三章　身魂相応（三五三）

猿世彦、駒山彦双方一度に、清彦に掴みかかりし手を放して、猿世彦は、

『清彦、貴様はやつぱり宣伝使だ。脱線したことを上手にベラベラと饒舌りよる。たとへ間違うてをつても、それだけ弁が廻れば、穴があつても塞がつてしまふワ。法螺の通る名詮自性の三五教の宣伝使様だよ。よう大きな法螺を吹いたものだ。一つ退屈ざましに聞かして貰はうかい』

清彦『宣伝使におたづねするのに、聞かして貰はうかいとは失敬な。懸河の弁舌、富楼那の雄弁者とはこの方のことだよ。身魂も清き清彦の、聖き教を耳を清めてトツクリと聴け』

猿、駒『えらい権幕だなあ、宇宙万有一切のことを説き諭すといふ宣伝使様だ。なんでも御

存じだらう』

清彦『もちろんのことだ。三千世界のことなら、何でも問うてくれ。詳細なる解決を与へて遣はす、とは申さぬワイ』

猿世彦『三千世界で思ひだした。三五教には三千世界一度に開く梅の花、開いて散りて実を結ぶとか、時鳥声は聞けども姿は見えぬ、とかいふ教があるねー。あれやいつたい何といふことだい、ドッコイ何といふことですか。謹んで御教示を承りませう』

駒山彦『ソンナに丁寧に言ふと損がいくよ』

猿世彦『黙つてをれ、只で言はすのだもの』

駒山彦『貴様は猿世彦の他人真似を、また他処でしようと思うて訊くのだらう』

猿世彦『モシモシ清彦の宣伝使様、最前の三千世界の話を聞かして下さいナ』

清彦『エヘン、オホン、アハン』

猿世彦『また五十韻か』

清彦『俺の癖だ、マアしつかり聞け。三千世界一度に開く梅の花といふことはナ、今日の世の中は米食ふ虫がたくさんに殖えてきて、おまけに遊ぶ奴ばかりで、米が足らぬ。一方には一年中米の顔をみたことのない、草や木を食つてをる人間もあるのだ。それで神様は誰も彼も苦楽を共にせよと仰しやつて、世界中がお粥を食へと仰しやるのだよ。それも一遍に五膳も、八膳も食うてはいかぬ。一遍に三膳より余計はいかぬ。そこで三膳にせー粥一度といふのだよ』

猿世彦『なるほどそれも面白いが、開く梅の花といふのはどうだい』

清彦『大きな口を開いて、五郎八茶碗に粥を盛つて、お前たちのやうな鼻高が粥を啜ると鼻が粥に埋つてしまふのだ。それで開く埋めの鼻だ。開いて散りて実を結ぶといふことは、天井裏に鼠の走る姿の映るやうな薄い粥でも吸うとると、ヽヽヽちつとは米粒の実をスウのだ。それで大きな口を開いて、ちつと、実をもスウといふのだよ』
猿世彦『人を馬鹿にしよる。清彦、真面目に説教をせぬかい、またブン、なぐるぞ』
清彦『貴様たちにコンナ高遠無量なる神界の経綸を話して聞かしたつて、耳の三五教だもの、本当のことが耳に這入るやうになつてから聞かしてやらう。この三五教は身魂相応に取れる教だから、初めて三つ子に聖賢の教を説いたところで、石地蔵に説教するやうなものだ。まして鱪や、蚯蚓の干乾に、本当のことを言うてたまるかい。身魂を早く研け、研いたら身魂相応の説教をしてやるワイ』
駒山彦『馬鹿にするナイ。しかし長い浪の上の旅だから、軽口を聞くと思へば、辛抱ができる。もつと聞かしてくれ』
清彦『貴様らにわかる範囲内の講釈をしてやらうかい』

猿世彦『時鳥声は聞けども姿は見えぬといふことは、いつたいどういふことですかいナ』

清彦『そりや貴様の身体に朝夕ついてゐるものだ。粥を食うと糞が軟かくなつて、雪隠にゆくとポトポトポトと音がするだらう。さうして後から芋粥の妄念がスーと出る。それで糞がポトポト、屁がスーだ。糞は肥料になつて利くから、こゑはきけども、、、だ。スーとでた屁の形は見えぬだらう。それで、スーとでた屁の姿は見えぬと神様が仰しやるのだよ』

猿世彦『馬鹿ッ』

と大喝する。船客一同はワッと一度に笑ひさざめく。

このとき船の一隅より容貌温順にして、寛仁大度の気に充ち、思慮高遠にして智徳勝れ、文武両道兼備せるごとき一大神人は起ちて、宣伝歌を歌ひ始めけり。

『波風荒きアラビヤの　筑紫の島を後に見て
神の御稜威も高砂の　智利の都に進みゆく
恵みも広き和田の原　御稜威も深き海洋の

3　身魂相応

底ひも知れぬ皇神の　仕組の糸に操られ
心も和ぎし波の上　鬼城の山を後に見て
慣れにし里を猿世彦　焦せる心の駒山彦が
流れてここに清彦の　神の命の宣伝使
右と左に詰寄つて　蠑螺の拳を固めつつ
痛々しくも打ちかかる　身魂も清き清彦が
堪へて忍ぶ真心は　皇大神の御心に
叶ひ奉らむ天津日の　堅磐常磐に智利の国
襤褸の錦は纏へども　心の空は照妙の
綾の錦に包まれて　千尋の底の海よりも
深き罪科贖ひて　今は貴き宣伝使

三五教を開きゆく　吾は暗夜を照らすてふ
日の出神の宣伝使　端なくここに教の舟
心を一つに託生の　救ひの舟に帆を上げて
荒浪猛る海原や　黒雲つつむ常世国
天の岩戸を押し開けて　日の出神の神国と
造り固めむ宣伝使　造り固めむ宣伝使』

と爽やかに歌ひ出したる神人あり。清彦はこの声に驚き合掌しながら、日の出神の英姿を伏し拝み、落涙に咽びける。

（大正一一・二・六　旧一・一〇　高橋常祥録）

第四章　烏の妻（三五四）

『波は高砂日は照り渡る　智利の都に月は澄む』

と、船頭は節面白く海風に声をさらしながら唄ひはじめたり。日の出神は船中の人々に対して、天地の神の高徳を諄々と説きはじめたるをりしも、にはかに一天掻き曇り、颶風吹き荒み、波は山岳のごとく立ちはじめ、今まで元気張つてゐた猿世彦、駒山彦は、蒼白な顔になり、片隅にブルブルと慄へゐる。あまたの船客は、いづれも船底にかじりつき、吾が命は風前の燈火かと不安の念に駆られて、口々に何事をか祈りはじめけり。

船中はにはかに人声ピタリと止り、ただ小さき祈願の声のするのみなりき。波の音はますます高く、時々潮を船に浴びせて猛り狂ふ。この時日の出神は、声を張り上げて大音声に呼ばはりたまふ。

『高天原を知ろし食す
神勅畏み天の下
神の教を宣べ伝ふ
日の出神の鹿島立ち
世人を救ふそのために
潮を分けつつ進み行く
瑞の教を謹みて
憫れみたまへ天津神
科戸の神や水分の
波路も高く竜神の

天の御柱大神の
四方の国々隈もなく
闇夜を照らす宣伝使
神の御ため国のため
潮の八百路の八塩路の
吾は尊き神の御子
聴く諸人の真心を
救はせたまへ国津神
正しき神は何事ぞ
底の藻屑と鳴門灘

渦巻(うづま)きわたる海原(うなばら)も　御国(みくに)を思(おも)ふ真心(まごころ)の
道(みち)に通(かよ)ひし宣伝使(せんでんし)　吾(わ)が言霊(ことたま)は天地(あめつち)に
充(み)てる誠(まこと)の神(かみ)の声(こゑ)　大海原(おほうなばら)を知(し)ろし食(め)す
海原彦(うなばらひこ)や豊玉姫(とよたまひめ)の　神(かみ)の命(みこと)は今(いま)いづく
神(かみ)に祀(まつ)れる玉依姫(たまよりひめ)の　神(かみ)の命(みこと)はいまいづこ
雨風繁(あめかぜしげ)く波高(なみたか)く　この諸人(もろびと)を脅(おびや)かす
大綿津見(おほわだつみ)の枉神(まがかみ)を　伊吹(いぶ)きに祓(はら)へ吹(ふ)き祓(はら)へ
伊吹(いぶ)き祓(はら)ふの力(ちから)なく　吾(わ)が言霊(ことたま)の聞(きこ)えずば
吾(われ)はこれより天地(あめつち)の　神(かみ)に代(かは)りて三五(あななひ)の
言挙(ことあ)げなさむ綿津神(わだつかみ)　科戸(しなど)の彦(ひこ)や科戸姫(しなどひめ)
疾(と)く凪(な)ぎ渡(わた)れ静(しづ)まれよ　とく凪(な)ぎ渡(わた)れ静(しづ)まれよ』

と、清き言霊を風に向つて述べ立てたまへば、さしも猛烈なりし暴風も、車軸を流す大雨も、忽然として静まり、天津御空は黒雲の上衣を脱ぎて、紺碧の肌を現はし、日は晃々として中天に輝き、海の諸鳥は悠々として翼をひろげ、頭上に高く喜ばしき声を張り上げて、口々に叫びはじめけり。紺碧の海面は、あたかも鏡のごとく凪ぎ渡り、地獄を出でて天国の春に逢うたるごとき心地せられ、船中の諸人は、ほとんど蘇生したる面色にて、日の出神の身辺に寄り集まり、その神徳を感謝し、なほも進みて教理を拝聴することとなりぬ。船中の人々は日の出神の神徳に感じ、心の底より信仰の念を起し、なほも進みてその教理を聴聞したりける。

ここに清彦は、今までのすべての罪悪を悔い改め、日の出神の弟子となり、高砂洲に宣伝を試むることとなりぬ。猿世彦、駒山彦は、清彦の後を追ひて、何事か諜し合はせ、高砂洲に上陸したりけり。

またもや船中に雑談の花は咲き出でにけり。

甲『やれやれ恐ろしいことだつたなう。すんでのことで竜宮行きをするところだつたが、渡る浮世に鬼はない、天道は人を殺さずとはよく言つたものだ。日の出神様がこの船に乗つてをられなかつたら、吾々は鱶の餌食になつてしまつたかも知れない。もしもソンナことがあつたら、俺は死ぬのは天命だと思つて諦めるが、国に残つた妻や子が、どうして月日を送るだらう。女房が「あゝ恋しい民さまは」と言つて泣くかも知れぬ』

乙『コンナところでのろけるない。貴様が死んだつて泣く者があるか。村中の悪者がなくなつたと言つて、餅でも搗いて祝ふ者もあらうし、貴様の嬶は、鹿公と入魂だから、邪魔が払はれた、目の上の瘤が取れたというて、餅でも搗いて祝ふかも知れぬよ。泣く者といつたら烏か、柿の木に蝉がとまつて啼くくらゐだ。アッハッハ、、』

民『馬鹿にするない、死んで喜ぶ奴が広い世界にあつて堪るか。天にも地にも一人の夫、一人の女房だ。俺が国許を出立するとき、女房が俺の袂に縋りついて、ドウゾ一日も早う帰つて来て頂戴ネ。あなたのお顔が見えねば夜も明けぬ、日も暮れぬ、毎日高砂の空を眺めて待つてゐます。エヘン、あの優しい顔で泣きよつたぞ。そこを貴様に見せてやりたかつたワイ』

乙『馬鹿にするない。あの優しい嬶もあつたものかい。頭の禿げた神楽鼻の、鰐口の団栗目の、天下一品珍無類の御面相の別嬪を、烏だつて顧みるものはありやしないよ』

丙『さうも言はれぬぞ。いつやらも野良へ出て働いてゐる時に、側の森に烏が来よつて、カカア、カカアと呼んでゐたよ』

民『ソンナ話はやめにして神様を拝まぬかい。また波でも立つたら、今度はもう助かりつこはないぞ』

丁『この間も、面那芸の宣使さまとかが船に乗つて、筑紫の洲から天教山へ行かれる途中に海が荒れて、船は暗礁にぶつつかり、メキメキと壊れてしまつた。そして客は残らず死んでしまつたといふことだよ』

民『その面那芸の宣使はどうなつたのだ。ソンナときにはここにござる日の出神様のやうに、なぜ神徳をよう現はさなかつたのだらう。面那芸の司とは噂に聞く宣伝使でないか』

乙『さう、宣伝使だ。しかし神徳がないから、危急存亡の場合に人を救ふやうなことは、さつぱりようセンデン使だよ。それで自分も一緒にぶくぶくと脆くも沈んでしまつて、あゝ、あゝ苦しい辛い難儀なことになつたと泡を吹いた。そこでつらなぎの司ぢや。誰も彼も皆辛い難儀な目に逢つて、つらなぎのかみになつてしまつたのだ。最前のやうに、清彦さまのやうな説教をする宣伝使もあるし、もしも日の出神がこの船に乗つてをられなかつたら、清彦の宣伝使がまた面那芸の司のやうな運命になつたかも知れぬ。さうすれば俺らもみな面那芸のめに逢うとるのだ。日の出神様の御神徳を忘れてはならぬぞ、あゝありがたい、ありがたい』

と口々にささやいてゐる。日の出神はこの雑談中に、面那芸の司の乗れる船の沈没したことを聞いて胸を躍らせ、その顔には、颯と不安の色漂ひにける。

（大正一一・二・六　旧一・一〇　東尾吉雄録）

○

千早振る古き神代のことがらを
　いや新しく説けるわが道

皇神のみのりを写すこの神書は
　とこよのやみを照らすともし火

第五章　三人世の元（三五五）

日の出神はこの雑談を聴き、黙然として、ややしばし思ひに沈みけるが、たちまち清彦にむかひ、言葉厳かに、

『清彦、吾はこれより智利の都に出張することを見合せ、面那芸の司を救はむため、ひとまづ竜宮を探険せむと思ふ。吾は汝の身辺を守護するから、心配なく智利の都にいたつて三五教を宣伝せよ。高砂の洲には竜世姫神、月照彦神守護したまへば、勇んで行け。また猿世彦、駒山彦も、今までの心を改め神の教に随へよ。船の諸人よ、吾はこれよりお別れ申さむ』

と言ふより早く身を躍らして、海中へ飛び込みたまへば、清彦をはじめ諸人は周章狼狽、

『あゝ身投げだ、身投げだ』

と口々に叫ぶ。清彦は舷頭に立ち、声をかぎりに、

『日の出神様、日の出神様』

と号泣したりしが、はるかの海面に忽然として人影現はれたり。よくよく見れば日の出神は、巨大なる亀の背に乗り、悠々として、彼方を指して進みゆく。清彦は、猿世彦、駒山彦にむかひ、

『あの方は日の出神だぞ。今のお詞を聞いたか。俺はこれから竜宮へ往つて来るからお前たちは心配するな、清彦守つてやらうと仰しやつたであらうがナ。日の出神の御魂ののりうつた清彦は今までとは違ふぞ。これから俺を日の出神と崇めまつれよ。ドンナ御神徳でもお目にかけてやる』

猿世彦『フム、目から火の出の神の、臀から屁の出の神奴が、人を阿呆にしよつて、尻が呆

れるわい』

駒山彦『尻から屁の出の、なんにもよう宣伝使様、宣伝歌とやらを聴かしてもらはうかい』

清彦『日の出神は、亀に乗つて竜宮へ往かれた。そこであの広い高砂の都を、俺が拓くのだ。貴様もこれから高砂の洲へ行くのなら、俺の許しがなくては上陸することはまかりならぬぞ』

駒山彦『にはかに、鉛の天神様みたいに、燥ぎよつて、ちつと海の水でもぶつかけて湿してやらうか』

猿世彦『コラコラ、ソンナ暴言を吐くな、結構な宣伝使様だ。しかし俺らも三五教の、ひとつ宣伝使に化けて、高砂の洲を宣伝したらどうだらう』

駒山彦『面白からう、オイ日の出神さま、ドツコイドツコイ。モシモシ日の出宣伝使様、わたしを貴方の弟子にして下されいな』

清彦『改心いたせば許してやらう』

猿世彦『ヘン、偉さうに仰せられますワイ。改心が聞いて呆れるワ』

清彦は得意然として宣伝歌を歌ひ出したり。

『神が表に現はれて　善と悪とを立別ける
この世を造りし神直日　御魂も広き大直日
ただ何事も人の世は　直日に見直せ聞き直せ
身の過ちは宣り直せ』

駒山彦『結構な歌だなら、ひとつやつて見ようかい、……亀が表に現はれて、日の出神を乗せて行く……』

猿世彦『オイ違ふぞ……亀が表に現はれて、日の出神を乗せて行く、……ソンナ馬鹿なことがあるかい、神が表に現はれて、と言ふのだよ』

駒山彦『嬶が表に現はれて、猿世を棄てて鹿に従く。ただ何事も人の世は、嬶のすべたに身を任せ、船から亀に乗り直せ』

猿世彦『馬鹿ッ、ソンナことで宣伝使になれるかい。貴様の耳は木耳か、節穴かい』

駒山彦『猿世の泣き声きくらげの、嬶左衛門鹿が奪る、鹿が奪る、鹿がお亀と乗りかへて……』

猿世彦『またソンナことを言うと風だぞ、浪が立つぞ』

駒山彦『大丈夫だ。日の出神さまがいらつしやるもの』

猿世彦『コンナ日の出神が何になるかい、俄日の出神だ。まあまあ前のが日の出神なら、こいつは、ドツコイこの御方は日暮神ぐらゐなものだよ。そして貴様は夜半の神だよ』

と無駄口を叩きゐる。船は漸くにして智利の国の港に着きぬ。三人は一目散に船を飛び出し、どんどんと奥深く進みゆく。

清彦『貴様ら二人は日の出神の御伴は叶はぬぞ。貴様みたやうな瓢箪や、徳利面した奴を、美人の叢淵地たる高砂洲を連れて歩くと、俺までが馬鹿にみえて仕方がないから、ここで三人は別れて、思ひ思ひに宣伝に行かうかい』

猿世彦『オイ清彦、そりやあんまりぢやないか。今まで俺のをつた鬼城山に世話になつてをつて、ちつたあ恩も知つとらう。なぜ連れて行かぬか。幸ひ高砂の人間は吾々の素性はちつとも知らないから、清彦は天下に声望高き日の出神さまとなり、この方さまは荒のカミとなり、駒山彦は雨のカミとなつて、ひとつ高砂洲を日和にしたり、大風にしたり、雨にしたりして、神力を現はし、胆玉を潰さしてやつたら、感心するかも知れぬよ。さうだ、三人寄れば文殊の智慧、吾々三人は三人世の元だ。結構々々と言はれて、一つ無鳥郷の蝙蝠でも気取つたらどうだらうナア』

清彦『蝙蝠は御免だ、あいつは日の暮ばかり出る奴だ。俺は日の暮のカミぢやない。日の出神ぢやからなあ、まあ山奥にでも這入つて、今晩はゆつくり相談でもしようかい』

と言ひながら樹木欝蒼たる森林を目がけて、清彦は足を速める。二人はぶつぶつ小言を言ひながら、清彦の後を追ふ。日は西山に没し、鼻を抓まれても判らぬやうなる闇の帳に鎖されたるに、清彦は闇に紛れて、二人を置き去りにし、いづこともなく姿を隠したりけり。

（大正一一・二・六　旧一・一〇　河津雄録）

○

道程は余程遠きに似たれども
神から見れば唐も一所

第六章　火の玉（三五六）

清彦は猿世彦、駒山彦の二人を、闇の谷間に置き去りにして、自分はコソコソと谷を降り、夜昼大道を濶歩しつつ、智利の都に肩臂怒らし脚を速めけるが、日も黄昏に近づき、疲労れ果てて、路傍の芝生に腰打ちかけて、独言。

『あゝあゝ、到頭厄介者を撒いてやつた。この広い高砂洲だ。めつたに出会すこともあるまい。彼奴ら二人が踵いてゐると、気がひけて仕方がない。日の出神になりすましてをるこの方を、清彦と言ひよるものだから、せつかく信仰をした信者までが、愛想をつかすやうなことがあつては、百日の説法屁一つになつてしまふ。まあまあ、これで一安心だ』

夜の帳は下されて、塒に帰る鳥の声さへも、聞えなくなりて来りぬ。このとき闇を縫うて怪しき声聞え来る。清彦は耳を澄まして聞き入りぬ。

『偽の日の出神の宣伝使。俺ら二人を深山の奥へ、連れて行きよつて、闇に紛れて駆け出したる、心の暗い、身魂の悪い、闇雲の宣伝使。もうこれからは俺らは声の続くかぎり、たとへ清彦が天を翔り、地を潜らうとも、一人と二人ぢや。二人が力を協して、清彦の欠点を剥いてやらう。オーイ智利の都の人たちよ、日の出神といふ奴が現はれて来ても相手にするなよ。彼奴は山師だ、偽物だ』

と呶鳴りながら、闇を破つて行き過ぎる。清彦は吐息を漏らし、

『あーあー、悪い虫がひつ着きよつたものだナア。鳥黐桶に足を突つ込んだとは、この事だな。今までの清彦なら、彼奴の声を目当に後から往つて、あの禿頭を目がけ、ポカンとやつてやるのだが、三五教の教理はどこまでも、忍ばねばならぬ。腹を立てて神慮に背き、大事を過るやうなことがあつては、それこそ日の出神様に申し訳はない。俺がいま日

の出神といつて、この洲へ渡つたのも、決して私の為ではない。日の出神様が、俺の霊魂が守護するから、俺の代りになつてゆけ、とおつしやつたからだ。それだから自分が日の出神といつたところが何が悪からう。清彦といふ名は世界中に、悪い奴だと響いてをる。なんぼ神の道は、正直にしなくてはならなくつても、ひとつは方便を使はなくては、鬼のやうに言はれた鬼城山の清彦では、相手になつてくれる者もありやしない。それでは人を改心さすことも、神徳を拡むることも、絶対に不可能だ。俺の名を聞くと泣いた児も、泣き止むといふくらゐ、世界に恐怖がられてをるのだから、どこまでも日の出神でゆかねばならぬ。それにつけても二人の奴、吾々の行く先々を、今のやうなこと言つて、歩かれては耐つたものぢやない。ア、思へば昔の傷が今に報うて来たのか。エ、残念なことだ』

と思はず大声に叫びゐる。猿世彦は小声で、

『おい駒山彦、的さんの声だぜ。どこかここらに、闇に紛れて潜伏しとるらしいぞ。野郎

だいぶ弱りよつたと見えるな。おい、もうひとつ大きな声で呶鳴つてやろかい』
このとき前方より闇を照らして唸りを立てながら、此方に向つて飛びきたる火の玉あり。清彦の前に墜落するよと見るまに、清彦は闇中に光を現はして、立派なる日の出神と少しも違はぬ容貌と化したり。二人はあつと言つて口を開けたままその場に倒れける。

（大正一一・二・六　旧一・一〇　土井靖都録）

○

世の人の知らぬ楽しき神の道に
栄えの花は常永に咲きぬる

空蝉の定めなき世の吾なれば
　こころも身をも神に任せむ

火の性は横なり水の性は縦
　なれども水は横に流れつ

機の緯織る身魂こそ苦しけれ
　一つ通せば三つも打たれつ

第二篇 四十八文字

第七章 蛸入道（三五七）

たちまち暗の中に光明赫灼たる神姿を現はしたる清彦は、絶対無限の神格備はり、仰ぎ見るに眼も眩むばかりに全身輝き渡りけり。

猿世彦、駒山彦は、この姿に慴伏してしばし息を凝らしゐたるに、清彦の姿は、バッタリ消えうせ、暗の中より耳を裂く如き大なる声聞え来る。

『猿世彦、駒山彦、よく聞けよ。吾は汝の知るごとく、今までは八頭八尾の大蛇の霊魂に誑かされ、曲事のあらむ限りを尽したることは、汝らの熟知する通りなり。されど吾は三五教の大慈悲の神の教を聞きてより、今までの吾が身の為しきたりしことが恐ろしく、かつ恥かしくなり、日の出神の後を追ひ、真人間になりて今までの悪に引かへ、善一筋の行ひをなさむ。悪も改心すればこの通りといふ模範を、天下に示すべく日夜、神に祈りゐたるに、神の恵みは目の当り、不思議にも名さへめでたき朝日丸に乗り込み、日の出神様にめぐり会ひ、結構な教訓を賜つて、吾が霊魂は、神直日大直日に見直し聞き直され、今は清き清彦が霊魂になりて世界の暗を照らす日の出神の御名代、汝ら二人は吾が改心を手本として、一時も早く片時も速やかに悪を悔い、善に立ち帰り、世界の鏡と謳はれて、黄泉比良坂の神業に参加せよ。汝の改心次第によつて、吾は再会することあらむ。汝らが心の雲に隔てられ、遺憾ながら、吾が姿を汝らの目に現はすことは出来なくなりしぞ。駒山彦、猿世彦、さらば』

といふより早く、またもや四辺を照らす大火光となりて中空に舞上り、智利の都を指して中空をかすめ飛び去りける。

猿世彦『オイ駒公、本当に清彦は日の出神となりよつたな。もうこれから清彦の悪口は止めにしようかい。吾々を山の奥へ連れて行きよつて、放とけぼりを食はした腹立まぎれに、心を鬼にして、どこまでも邪魔をしてやらうと思つたが、到底悪は永続きはせないよ。お前と俺とが船の中で、あれだけ拳骨を食はしてやつても、俺の体は鉄ぢやといひよつて、痛いのを辛抱して馬鹿口を叩いて笑ひに紛らしてゐたのは、一通りの忍耐力ではないよ。思へば馬鹿なことを吾々はしたものだナ。日の出神様はあの時に俺らの行ひを見て、なんと端たない奴だ、訳のわからぬ馬鹿者だと心の中で思つてござつたぢやらう。俺はソンナことを思ひだすと情なくなつて、消えたいやうになつてくるわ』

駒山彦『それなら、これからどうするといふのだい』

猿世彦『まあ、改心より仕方がないな。清彦のやうにああいふ立派な日の出神になれなくても、せめて曲りなりにでも宣伝使になつて、今までの罪を贖ひ、身魂を研いて、黄泉比良坂の神業に参加したいものだ。どうでトコトンの改心はできはしないが、せめて悪口など言はないやうにして、世界を助けに廻らうぢやないか。さうして一つの功が立つたらまた、清彦の日の出神が会うてくれるだらう。その時には立派な宣伝使だ、天の御柱の神の片腕になつて働からうとままだよ。これから各自に一人づつ宣伝することにしようかい』

駒山彦『よからう、よからう』

と二人はここに袂を別ち、いづこともなく足にまかせて宣伝歌を覚束なげに歌ひながら進み行く。夜はほのぼのと白み初めぬ。猿世彦は南へ、駒山彦は北へ北へと進み行く。

猿世彦は光つた頭から湯気を立てながら、力いつぱい癇声をふり搾つて、海辺の村々を歌つて行く。ある漁夫町に着きけるに、四、五人の漁夫は猿世彦の奇妙な姿を見て、

甲『オイ、この間からの風の塩梅で漁がないないといつて、お前たちは悔んでゐるが、天道は人を殺さずだ。あれ見よ、大きな章魚が一匹歩いて来るわ。あれでも生捕つて料理をしたらどうだらうかナア』

乙『シーツ、高うは言はれぬ、聞いてゐるぞ。聞えたら逃げるぞ逃げるぞ』

甲『章魚に聞えてたまるかい。なんぼいふても聞かぬ奴は、彼奴は耳が蛸になつたといふだろ。かまはぬかまはぬ、大きな声で話せ話せ。オイ、そこへくる蛸入道、俺はな、この村の漁夫だが、この間から漁がなくて困つてゐたのだ。貴様の蛸のやうな頭を俺にくれないかい』

猿世彦『あゝあなた方はここの漁夫さまですか。蛸は上げたいは山々ですが、一つよりかけがへのないこの蛸頭、残念ながら御上げ申すわけには行きませぬ』

丙『なにをぐづぐづ言ふのだい。聞かな　聞かぬでよい、くれな　くれぬでよい。みな寄つてたかつて、蛸を釣つてやるぞ』

猿世彦『それは結構です。各自に御釣りなさい。蛸が釣れるやうに祈つて上げますから』

甲『お前さまが祈る。これだけとれぬ蛸が釣れますかい』

猿世彦『釣れいでか、そこが神さまだ。釣るのが邪魔くさければ、お前さまも、わしの言ふやうに、声を合して宣伝歌を歌ひなさい。蛸はヌラヌラと海から勝手に這ひ上つて、お前さまの持つてをる笊の中に這入つてくれる。そこを蓋をしめて家へ持つて帰るのだ』

猿世彦は、口から出まかせに、コンナことを言つてしまひける。

乙『おい、蛸の親方、本当にお前のいふ通りにすれば、蛸は上つてくるかい』

甲『そら、きまつたことだよ。何分親分が言はつしやるのだもの、乾児が出てこぬことがあるかい。それだから貴様たちもこの親分のいふことを聞けといふのだ。俺が呼んでも来たり来なかつたり、貴様らは不心得な奴だぞ。もしもし蛸の親方、蛸を呼んで下さいな』

猿世彦は海面にむかひ、癇声をしぼりながら、宣伝歌を歌ひはじめ、漁夫はその後について合唱したり。海面には処々に丸き渦を描きて、蛸入道の頭がポコポコとあらはれ来りける。

猿世彦は、

『来れ、来れ』

と蛸に向つて麾けば、蛸はその声の終るとともに、笊の中に数限りなく飛びこみけり。このこと漁夫仲間の評判となりて、猿世彦を日の出神と尊敬することとなりぬ。それよりこの漁村は、蛸取村と名付けられたり。

蛸取村より数十町西方にあたつて、アリナの滝といふ大瀑布あり。猿世彦はそこに小さき庵を結び、この地方の人々に三五教の教理を宣伝することとなりける。

（大正一一・二・六　旧一・一〇　有田九皐録）

7　蛸入道

第八章　改心祈願（三五八）

漁夫は猿世彦の言霊によりて、蛸の意外なる収獲を得、今まで軽侮の念をもつて遇してゐたる猿世彦に対し、尊信畏敬の態度をもつて望むことになり、アリナの滝に草庵を結びて猿世彦の住家となし、尊敬の念をはらひ、三五教の教理に悦服したり。されど俄宣伝使の猿世彦は、いまだ三五教の教理には徹底しをらず、ただ神を祈ることのみは一生懸命なりき。それゆゑ平然として彼が説くところの教理は、矛盾脱線に満ちゐたれども、誠の神は彼が熱心に感じて神徳を授けられたるなり。

この村は無智朴訥なる漁夫のみなれば、あまり高遠なる教理を説くの必要もなく、また漁夫どもは神を祈りて豊かな漁を与へてもらふことのみを信仰の基礎としてゐたり。しかし掃溜にも金玉あり、雀原にも鶴の降りて遊ぶがごとく、この村の酋長に照彦といふ立派なる男ありけり。彼は猿世彦の熱誠なる祈祷の効力に感じ、歌を作りてこれを讃美したりける。

朝日眩き智利の国　御空の月も智利の国
猿世の頭も照の国　昼は日照の神となり
夜は月照彦となり　吾らを照らす宣伝使
かかる尊き救ひ宣使　またとアリナの滝のごと
その名は四方に響くなり　その名は四方に響くなり

と村人に歌はせたり。猿世彦は得意満面に溢れ、天晴れ宣伝使となりすまし、法外れの教理を説きゐたり。されど朴訥なる村人は誠の神の尊き教とかたく信じ、涙を流して悦び、信仰を怠らざりける。

アリナの滝より数町奥に不思議なる巌窟あり。巌窟の中には直径一丈ばかりの円き池あり、清鮮の水を湛へ、村人はこれを鏡の池と命名けゐたり。猿世彦は村人をあまた随へ、この鏡の池に禊身をなさむと進み行きぬ。まづ酋長の照彦に鏡の池の水を掬ひて洗礼を施し、つぎつぎにこれを手に掬ひ、老若男女にむかひいちいち洗礼を施し、この巌窟の鏡の池に向つて祈願を籠めにける。

『あゝ天地を御造り遊ばした国治立の大神様、太陽のごとく月のごとく鏡のごとく、円く清らかなるこの鏡の池の水晶の御水のごとく、酋長をはじめその他の老若男女の身魂を清く研かせたまうて、この水の千代に万代に涸れざるごとく、清き信仰をどこまでも繋がせたまひて、神様の御膝下に救はれますやうに。またこの尊き、清き御水を鏡として、吾々はじめ各自のものがいつまでも心を濁しませぬように、御守り下さいますやう御願ひいたします。私は今日まで鬼城山に立て籠り、木常姫と共々に大神様の御神業を力かぎり、根かぎり妨害いたしましたその罪は、天よりも高く、千尋の海よりもまだ深いものでございます。しかるに貴方様は大慈大悲の大御心をもつて、吾々のごとき大罪人に対し満腔の涙を御注ぎ下さいまして、畏れおほくも天教山の猛火の中に御身を投じ玉うたことを承りました。そのことを聞きましてから私は、昔の悪事を思ひだし、起つても坐てもをれぬやうな心持になりました。あゝ一日も早く改心したいと思ひますと、私の腹の中から悪魔が「馬鹿々々、何をソンナ弱いことを思ふか」と叱りますので、ついウロウロと魂が迷ひ、心ならぬ月日を送つてをりました。たまたま私は常世の国を逃げ出して、筑紫の洲をあちらこちらと彷徨ふうち、日の出神といふ立派な宣伝使が、智利の都へ御出で遊ばしたと聞いて、朝日丸に乗つてここへ渡りますその船の中に、ありがたくも日の出神様が乗つてをられ、いろいろ結構な御話を聞かして下さいました。これも全く貴方様の御引合せとありがたく感謝をいたします。この清き鏡の池の水は、円満なる大神様の大御心でありませう。この滾々として湧き出る清き水は、大神様の吾らを憐れみたまふ涙の集まりでありませう。この水の清きは、大神様の血潮でありませう。願はくば永遠に吾らの魂を、この鏡の池の円満なるがごとく、清麗なるがごとく守らせたまはむことを、村人とともに御願ひいたします。惟神霊幸倍坐世、惟神霊幸倍坐世』と真心を籠めて祈願したり。あまたの人々も異口同音に、「惟神霊幸倍坐世」を唱へて神徳を讃美したりけり。

（大正一一・二・六　旧一・一〇　森良仁録）

○

神業をなすのが原の玉草は
踏まれ蹂られ花咲きてをり

第九章 鏡の池（三五九）

猿世彦はアリナの滝に身を清め、この巌窟の鏡の池に禊身をなし、洗礼を施しゐたり。猿世彦は名を狭依彦と改めける。狭依彦の名は遠近に轟きわたり、洗礼を受けに来るもの、教理を尋ねに来るもの続々殖えきたりぬ。元来三五教の教理は、船の中にて聞きかじりの俄宣伝使なりければ、深きことは分らず。されどいやしくも宣伝使たるもの、知らぬとは言はれざれば夜昼鏡の池に祈願をこめ、曲りなりにも説教を始めゐたりける。

このとき黒彦といふ色の浅黒き、眼くるりとし鼻の小高く口許の締りし中肉中背の男、大勢の信者の中より現はれて質問を始めたりける。

黒彦『もしもし宣伝使様、貴方は宇宙一切のことは何でも言霊で解決を与へるとおつしやつたさうですが、ひとつ聞かしていただきたいですが、何をお尋ねしても構ひませぬか』
狭依彦『吾は天下の宣伝使、ドンナことでも知らない事はない事はない』
黒彦『曖昧な御言葉ですな、知つてるのですか、知らぬのですか』
狭依彦『ドンナ事でも、知る事は知る、知らぬ事はない事はない。何なつと聞かつしやれ』
黒彦『ちよつとお尋ねしますが、あの蕎麦は何で蕎麦といふのですか』
狭依彦『お前の内に作つてゐませぬか。雪隠の傍や、山の側や、畑の側やそこら中の側に生えてるだらう、それで蕎麦といふのだよ』
黒彦『貴方の仰しやることはチッと違ひはしませぬか。此間も大中教の宣伝使がやつて来て、蕎麦といふものは、昔の昔のズッと昔のその昔、天の御三体の大神様が柱のない屋根ばかりの三角形の家を造つて、そこへお住ひを遊ばした。その家の側にできたので蕎麦といふのです。それで屋根の形に蕎麦は三角になつてるだらう、お前たちの雪隠の側にも、家の側にもできてるではないか。側にをりながら貴様はよつぽど饂飩な奴だと言ひましたよ』

狭依彦『あゝお前さまはウラル彦の教を奉ずる人だな』

黒彦『尤もだ、なんでも世界の事は皆知つてるとか、知らぬとか、蕎麦を掻いて食ふやうな法螺を吹いて、側の人間をあつと言はさうと思つても、さうはいかぬぞえ。お前たちのやうなものが宣伝使になつてをつては、さつぱり宣伝使の相場が狂つてしまふワ。馬鹿々々しい』

狭依彦『それならお前さま、大中教の宣伝をやつて下さい。貴方のおつしやることが理屈に合うてゐるなら私は大中教に従ひます。それなら、こちらからお尋ねするが、黍といふのはどういふところから名が付いたのですか』

黒彦『黍の穂は気味が良いほど実がなるから黍だ。ずる黍は手に撫でてみるとズルズルするから、ずる黍だ。大根は神さまの大好物だから大根といふのだ。蕪はあんまり味が良いから、オイ一つお前もかぶらぬかというて、つき出すから蕪といふのだ。米の炊いたのは美味いから、子供が食つてもウマウマといふからママといふのだ。さあさあ何でも聞いたり聞いたり』

狭依彦はちよつと感心したやうな顔して首を傾け、

狭依彦『へえ、ソンナものですか、それは結構なことを聞きました。私もコンナ話は大好物で気味がよろしい』

と下らぬ理屈に感心をしてをりき。

鏡の池の水はにはかにブクブクと泡立ちはじめ、そして水の中より竹筒を吹くごとき声して、

『卑しい奴らだ。食物ばかりの問答をしよつて、気味が良いから黍だの、大好物だから大

根だの、召し上れの、うまうまのと、何といふ食ひ違ひのことを申すか。やり直せ、宣り直せ、オーン、ボロボロボロ』

狭依彦『いや大変だ。池の中からものを言ひだしたぞ。何でもこれは教へてくれるに違ひない。おい黒さま、お前に用はない。俺はこの池を鑑としてこれから何でも聞くのだ。もしもし鏡の池の神さま、これからコンナ奴がきたら、直に私に教へて下されや』

池の中から竹筒を吹くやうな声にて、

『黒彦に教へてもらへ』

狭依彦『やあ、こいつは堪らぬ、偉いことを仰しやる。やつぱり黒彦が偉いか知ら、モシモシ黒彦さまお尋ねいたします。私の頭はどうしたら毛が生えますか』

黒彦『それあ、生えるとも、一遍芝を冠つて来たら生える』

狭依彦『ソンナことは、きまつてる。このまま生えぬかと頼むのだ』

黒彦『瓢箪に毛が生えたらお前さまの頭にも毛が生えるよ。枯木に花が咲くか、煎豆に花が咲いたら、その時はお前の頭に毛が生えるのだよ。三五教では煎豆に花が咲くといふではないか』

狭依彦『もう宜しい、何にもお尋ねしませぬ。口ばかりやかましい、雀のやうにいうて何にも知りはせぬ癖に、偉さうに言ふない』

黒彦『俺を雀といふたが、雀の因縁知つてるか』

狭依彦『知つとらいでか、鈴のやうにやかましく囀るから雀だよ。四十雀のやうに、始終ガラガラ吐かしよつてな』

黒彦『ソンナラ鷹の因縁知つてるか』

狭依彦『高い処へ飛ぶから鷹だ。そこら中を飛び廻るから鳶といふのだ』

黒彦『ソンナラ雲雀はどうだ』

狭依彦『高い処へ上り上つて、告天子といつて威張り散らすから雲雀といふのだ。雲雀なんぞ大鵬の志を知らむやと言ふのはお前達のことだよ。解くらゐのことなら何でも講釈してやる。朝も早うからガアガア鳴きたてる、日の暮にまたガアガア声を嗄らして鳴く奴を、声を烏といふのだ。三五教の教には一つも穴がなからうがな』

としたり顔にいふ。

またもや鏡の池はブクブクと泡立ちて、前のごとき拍子抜けのしたる声にて、

『お前たちはとりどりの講釈をいたすが、どえらいとり違ひだよ。もつと心をとり直したがよからう。ブーツ　ブーツ』

と法螺貝のやうなる唸り声聞えきたる。

黒彦『こいつは堪らぬ、化物だ。何が飛び出るか分りやせぬ。皆の者逃げろ　逃げろ』

と尻引つからげて一目散に逃げだしたり。唸り声は刻々と高まりきたり、大地震のやうにブ

ルブルと大地一面動き出したれば、転けつ輾びつ、過半数の人間は四方に逃げ散りぬ。胆玉の小さき腰を抜かしたる人間ばかり、依然としてその場に残りゐたるなり。狭依彦もまた腰を抜かし、その場に依然として祈願を凝らしつつありき。唸り声はますます烈しくなる一方なりけり。

（大正一一・二・六　旧一・一〇　北村隆光録）

○

如何にせば神の御言葉悟り得む
　智慧も力もなき人の身は

第一〇章　仮名手本（三六〇）

鏡の池の唸り声は漸く静まりぬ。このたびは荘重なる重みのある声にて、池の底よりまたもや大なる言葉、つぎつぎに聞えきたる。

『猿の人真似をいたす俄宣伝使の猿世彦、神の光もいと清く、智利の国へと渡りきて、性に合はぬ三五教の宣伝使とは、よくもよくも吐いたなあ。汝の祈りは、実に立派なものだぞ。これからは大法螺を吹くなよ。知らぬことを知つた顔をいたすと、今のやうな苦しき目に遇うて、恥を曝さねばならぬぞ、何も理屈はいふことは要らぬ。ただ私は阿呆でございます、神様にお祈りをすることより外には、い、い、いろはのいの字も存じませぬと謙遜つて宣伝をいたすがよいぞよ。生兵法は大怪我の基だ。知らぬというても汝はあまりひどいぞ、ちつとは後学のためにこの方の申すことを聞いておけ。いろは四十八文字で開く神の道ぢや』

猿世彦『もしもし、池の底の神様、私は腰が立ちませぬ。腰を立たして下さいな』

池の底から、

『い、い、祈らぬか、祈らぬか、祈りは命の基ぢや。万劫末代生通しの命が欲しくば、いつもかも祈れ祈れ。

ろ、ろ、ろくでもない間抜けた理屈を捏ねるより、身の行ひを慎みて人の鏡となれ。

は、は、早い改心ほど結構はないぞよ。裸で生れた人間は、生れ赤子の心になれよ。

に、に、にはかの信心は間に合はぬ。信心は常からいたせよと教へてやれ。

ほ、ほ、仏作つて眼の入らぬ汝の宣伝、発根から改心いたして、本当の神心になれよ。

へ、へ、下手な長講釈は大禁物だ。屁理屈をいふな、途中で屁太ばるな、屁古たれな。

と、、トコトンまでも誠を貫き通せ。神の守りは遠い近いの隔てはないぞ。徳をもつて人を治めよ。

ち、、智慧、学を頼りにいたすな。力となるは神と信仰の力ばかりだ。近欲に迷ふな、畜生の肉を食ふな。

り、、理屈に走るな、利欲に迷ふな。吾が身の立身出世ばかりに魂を抜かれて、誠の道を踏み外すな。

ぬ、、盗むな、ぬかるな。抜刃の中に立つてゐるやうな精神で神の道を歩めよ。抜けがけの功名を思ふな。

る、、留守の家にも神はをるぞ。留守と思うて悪い心を出すな。

を、、恐ろしいものは汝の心だ。心の持ちやう一つで鬼も大蛇も狼も出てくるぞ。臆病になるな、おたがひに気をつけてこの世を渡れ。

わ、、吾が身を後にして人のことを先にせよ。悪いことは塵ほどもしてはならぬぞ。吾がままをやめよ、私をすな。悪いことをして笑はれるな』

猿世彦『わ、、分りました。分りました。貴神のお言葉を聞くと何ともなしに、か、、悲しうなりました。堪忍して下さいませ、叶はぬ叶はぬ。よ、、よく分りました。もうよしにして下さい、欲なことはいたしませぬ。世の中のことならドンナことでもいたします。た、、助けて下さい、頼みます。誰人だつてコンナに恐い目に遇つたら、起つてもゐても居た怺つたものぢやありませぬ。れ、、連続して水の中から屁をこいたやうなむつかしい説教を聞かされても、そ、、それは汲みとれませぬ。そつと小さい声で耳の傍で聞かして下さいな。ソンナ破鐘のやうな声を出したり、竹筒を吹いたやうな声を出してもらつては、ちよつとも合点がゆきませぬ。

つ、、つまらぬ、つまらぬ。月照彦の神様か何か知らぬが、もうそれだけ仰しやつたら、

仰しやることはつきてるはずだ。

ね、、根つから、葉つから合点がゆかぬ。お姿を現はして下さいな』

池の底から、

『な、、何を言ふか、泣きごと言ふな。汝のごとき弱き宣伝使は、もちつと苦労をいた

さねば、

ら、、楽にお道は開けぬぞ。

む、、無理と思ふか、無理なことは神は申さぬぞ。

う、、迂濶々々聞くな、美しき神の心になつて、神の教を開く宣伝使になれ』

猿世彦『ゐ、、いつまでもお説教は結構ですが、もう好い加減に止めて下さつたらどうです

か、あまり**つらく**て骨にびしびしこたへ、この
の、、喉から血を吐くやうな思ひがいたします』

池の底より、

『退引ならぬ釘鎹、
お、、往生いたせ。よい加減に、
く、、苦しい後には楽しいことがあるぞよ。
や、、やかましう言うて聞かすのも、汝を可愛いと思ふからだ。
ま、、誠の神の言葉をよく聞け、神の言葉に二言はないぞ。いま聞き外したら万古末代
聞くことはできぬぞ。人民の暗い心で誠の神の経綸は、
け、、見当は取れぬぞ、毛筋も違はぬ神の道、汚してはならぬぞ。
ふ、、深く考へ、魂を研いて御用に立てよ』

猿世彦『こ、、これで、もう結構でございます。今日はまあ何といふありがたい、苦しい、結構なやうで結構にないやうで、嬉しいやうで、嬉しうないやうで』

池の中より、

『え、、まだ分らぬか。

て、、天地の神の教を伝ふる宣伝使ではないか。

あ、、悪を働いてきた猿世彦、これから心を入れ替へて、

さ、、さつぱり身魂の洗濯いたして、さらつの生れ赤子になり変り、

き、、清き正しき直き誠の心をもつて世人を助け導け。

ゆ、、夢々神の申すことを忘れなよ。いつも心を引き締めて気は張り弓、

め、、罪障の深い汝の身魂、苦労をさして、

み、、見せしめを致して罪を取つてやらねば、

し、、死んでも高天原へ行けぬぞよ。信心は夢のまも忘るなよ。知らぬことは知らぬと明瞭言へ。尻の掃除も清らかにいたせ。

ゐ、、偉さうにいふでないぞ。この世の閻魔が現はれ、高い鼻をへし折るぞ。

ひ、、昼も夜も神に祈れよ。

も、、もうこれでよいと神が申すまで身魂を磨け。神の目にとまつた上はドンナ神徳でも渡してやるぞ。

せ、、狭い心を持つな、広き、温かき神心になつて世人を導け。

す、、澄みわたる大空の月照彦の神の御魂の申すこと、夢寐にも忘れな猿世彦。吾こそは元は竜宮城の天使長 大八洲彦命 なるぞ。汝も随分威張つたものだが、これからすつかり心を改めてこの国の司となり、狭依彦司となつて世界のために尽せよ。この高砂洲は金勝要大神の分霊竜世姫神の御守護なるぞ、この鏡の池は根底の国に通ふ裏門、分らぬことがあらばまた尋ねに来よ』
う、、と一声呻るとともに、その声はバッタリ止みけり。狭依彦および一同の腰は始めて立ちぬ。一同は喜び勇みて、神言を鏡の池に向つて奏上したりける。

（大正一一・二・六　旧一・一〇　加藤明子録）

○

火と水の二つの柱世に出でぬ
　これが誠の火水世の礎

松の世を来たさむために永久に
　神力隠して経綸せし神

大本の神は表に現はれて
百の国々神代に開かす

六十路をば越えたる男子が現はれて
この世のかぎりひかりてらさむ

三千年の世の立替へも迫りけり
この行く先は心ゆるすな

第三篇　秘露(ひる)より巴留(はる)へ

第一一章　海の竜宮（三六一）

足曳の山の草木は枝繁り　葉も春風に霞みゆく
一望千里の波の上　浮び出でたる八尋の亀のその背に
春日を受けて跨がりつ　千尋の浪路を掻き分けて
底へ底へと沈みゆく　御稜威輝く伊弉諾の
神の命の御子と生れし　大道別の命の後身
日の出神は漸うに　大綿津見の神の宮
底ひも知らぬ大神の　経綸の奥を探らむと
進み来ますぞ雄々しけれ。

門前には正鹿山津見、淤縢山津見の二柱が、仁王のごとく阿吽の息を凝らし、真裸体のまま、全身力瘤を現はして傲然として守りゐる。淤縢山津見は、真先に進み出で、

『ここは竜宮の入口なり。畏れおほくも大綿津見の大神の御住処、何神の許しを受けてここに到着せしぞ。すみやかに本津国に引返さばよし、違背に及ばばこの拳骨を御見舞申さむ』

といふより早く、日の出神に打つてかかるを、琴平別の化身なる八尋の大亀は、二神の間に突立ち千引の岩と化し去りけり。このとき門内より騒々しき物音聞え来たり。

日の出神は大音声を張り上げ歌を歌ひたまふ。

『天津御神の御言もて　常世の暗を照らさむと
心も軽き蓑笠の　世界を巡る宣伝使
天津御空も海原も　豊葦原の神国も

11　海の竜宮

大御恵みの隈もなく
この竜宮の城のみは
試しに漏るることぞある
任のまにまに出できたる
日の神国の宣伝使
迷ひ来れる面那芸の
琴平別の亀に乗り
千尋の底の海の宮
音に名高き乙米姫の
探らむためのこの首途
これの金門を開けよや

い行き渡らふ世の中に
神の守りのいや深き
天の御柱大神の
朝日輝く夕日照る
日の出神が現はれて
司の命を救けむと
ここに現はれ来るなり
その岩屋戸を押し開き
貴の命の神業を
ただ一時もすみやかに
吾は日の出神なるぞ

95－8

淤滕山津見や正鹿山　津見の命の門守り
深き経綸も不知火の　汝が身の心の愚さよ
汝が身の心の愚さよ』

と、声たかだかと歌ひたまへば、二柱の神はこの歌に驚き、平身低頭ぶるぶる慄ひながら、陳謝の意を表しけり。淤滕山津見は、一目散に門内に駆け入り奥殿に進み、何事か奏上したり。正鹿山津見は、日の出神の先に立ち、別殿に迎へ入れたり。城内の一方にはますます騒々しき物音聞え来りければ、平凡事ならじと、日の出神は、耳を澄まして聴き入りたまひ、正鹿山津見の顔をふと眺め、

『やあ、貴下は桃上彦に非ずや。かかる所に金門を守りたまふは何故ぞ。それにしてもかの騒々しき物音はいかに』

と言葉忙しく問ひ詰めたまへば、正鹿山津見は、

『御推量に違はず、われは聖地エルサレムにおいて、しばし天使長の職を勤め、遂には吾が身の失敗のために、国祖　国治立大神に累を及ぼし、八百万の神人に神退ひに退はれ、根の国、底の国に落ち行かむとする時しも、慈愛深き高照姫神に救はれ、今は竜宮城の門番を勤むるいやしき身の上、貴下にかかるところにて御目にかかり、実に慙愧に堪へず。陸の竜宮において時めきわたりし桃上彦も、有為転変の世の習ひ、世の荒波に浚はれて不知不識の身の過ち、昨日に変る和田の原、千尋の水の底深き、海の竜宮の門番の日夜の苦労艱難、御察しあれ』

と、声も曇りてその場に泣き伏しにける。

日の出神は同情の念に堪へざるがごとく、しばらく差俯きて悲歎の涙さへ流しゐけるが、更に言葉を継ぎて、

『貴下の今日の境遇は御察し申す。至急訊ねたきことあり。かの騒がしき物音は何事ぞ、

委しく述べられよ』

『竜宮海の秘密、門番の分際として申し上げ難し。ただただ貴下の御推量にまかすのみ』

と体よく撥ねつける。阿鼻叫喚の声はますます激しく、あたかも修羅場のごとき感じなりける。

日の出神は突つ立ち上り、

『桃上彦、われを奥殿に案内されよ』

といひつつ、どんどんと進み行かむとする。桃上彦はあわてて、

『あゝ、もしもし ちよつと待つて下さいませ。タ、、、大変です。あのやうなところへ御出でになつては乙米姫より、いかなる厳罰を蒙るやも知れませぬ。第一私もともに、あの恐ろしい声のするところへ放り込まれねばなりませぬ。まづまづ御待ち下され、ひとまづ伺つて参ります』

と、先に立ち足早に奥殿目がけて姿を隠したり。日の出神はただ一人茫然として四辺をキヨロキヨロと見廻しゐたまひにけり。

（大正一一・二・七　旧一・一一　外山豊二録）

（序文~第一一章、昭和一〇・二・七　於東京銀座　林英春方　王仁校正）

○

千早振る神の踏まれし正道を
　つぶさに教へ諭すこのふみ

世の人の渡る危き丸木橋を
　今取り替へし神の掛橋

第一二章　身代り（三六二）

日の出神は、ただ一人茫然として怪しき物音に耳を澄ませ思案に暮るる折しも、以前の門番の淤縢山津見はこの処に現はれ、

『貴下は大道別命にましまさずや』

と顔を見つめゐる。日の出神は、

『貴下の御推察に違はず、吾は大道別命、今は日の出神の宣伝使なり。吾竜宮へ来りしは、黄金山の宣伝使、面那芸司竜宮に来れりと聞き、一時も早く彼を救はむがためなり。すみやかに乙米姫命にこの次第を奏上し、面那芸司を吾に渡されよ』

と言ひつつ、淤縢山津見の顔を見て、

『オー、貴下は大自在天大国彦の宰相、醜国別にあらざるか。貴下は聖地エルサレムの宮を毀ち、神罰立所にいたつて帰幽し、根底の国に到れると聞く。しかるにいま竜宮に金門を守るとはいかなる理由ありてぞ。詳細に物語られたし』

醜国別は、

『御推量に違はず、吾は、大自在天の命を奉じ、畏れおほくも聖地の宮を毀ちし大罪人なり。天地の法則に照らされ、根底の国に今や墜落せむとする時、大慈大悲の国治立命は、侍者に命じ吾を海底の竜宮に救はせ給ひたり。吾らはその大恩に酬ゆるため、昼夜の区別なく竜宮城の門番となり、勤務する者なり。あゝ、神恩無量にして量るべからず。禽獣虫魚の末にいたるまで、摂取不捨大慈大悲の神の御心、いつの世にかは酬い奉らむ』

と両眼に涙をたたへ、さめざめと泣き入る。日の出神は、

『汝が来歴は後にてゆるゆる承らむ。一時も早く奥殿に案内せよ』
醜国別はやむを得ず、力なき足を運ばせながら先に立ちて、奥深く進み入る。奥殿にはあまたの海神に取り囲まれて、中央の高座に、花顔柳眉の女神端然として控へ、日の出神を一目見るより、たちまちその座を下り、満面笑みをたたへて、まづまづこれへと招待したり。日の出神は堂々と、何の憚るところもなく高座に着きける。女神は座を下りて遠来の労を謝し、かつ海底の種々の珍味を揃へて饗応せり。（海底とは遠島の譬なり）
日の出神は、これらの珍味佳肴に目もくれず、女神に向ひ、
『吾は神伊弉諾の大神の御子大道別命、今は日の出神の宣伝使、現、神、幽の三界に渉り、あまねく神人を救済すべき神の御使、今この海底に来りしも、海底深く沈める神人万有を救済せむがためなり。かの騒々しき物音は何ぞ、包み秘さずその実情を吾に披見せしめよ』

と儼然として述べ立てたまへば、女神は涙を湛へながら、

『実に有難き御仰せ、これには深き仔細あり。高天原に現はれたまひし神伊弉冊命、黄泉国に出でましてより、黄泉国のけがれをここに集めたまひ、今まで安楽郷と聞えたる海底の竜宮も、今はほとんど根底の国と成り果てたり。妾は最早これ以上申し上ぐる権限を有せず、推量あれ』

と涙に咽びけり。

日の出神は神言を奏上したまへば、たちまち四辺を照らす大火光、日の出神の身体より放射し、巨大なる火の玉となりて竜宮を照破せり。見れば母神の伊弉冊命を、八種の雷神取り囲み、その御頭には大雷、御胸には火雷をり、御腹には黒雷、陰所には拆雷をり、左の手には若雷をり、右の手には土雷をり、左の足には鳴雷をり、右の足には伏雷をり、命の身辺を悩ませ奉りつつありければ、日の出神は、火の玉となりて飛

び廻りける。探女醜女、黄泉神の群は、蛆簇り轟きて目も当てられぬ惨状なり。かかるところへ乙米姫神現はれ来り、

『妾は神伊弉冊命の御身代りとなつて仕へ奉らむ。伊弉冊神は一時も早くこの場を逃れ、日の出神に護られて、常世の国に身を逃れさせ給へ』

といふより早く、八種の雷の神の群に飛び入りぬ。八種の雷神、その他の醜神は、竜宮城の美神、乙米姫命に向つて、前後左右より武者ぶり付く。伊弉冊命に付着せる枉神は、一つ火の光に照らされて残らず払拭されたり。

面那芸司は伊弉冊命を救ふべく、必死の力を尽して戦ひつつありけれども力及ばず、連日連夜戦ひつづけ、その声門外に溢れゐたりしなり。これにて竜宮の怪しき物音、阿鼻叫喚の声の出所も、漸くに氷解されにける。

日の出神は神文を唱へたまへば、たちまち以前の大亀現はれ来り、門外に立ち塞がりぬ。

日の出神は、伊弉冊命を守り、面那芸司および正鹿山津見、淤縢山津見と共に、八尋の亀に跨がり海原の波を分けて、海面に浮き出で、常世の国に渡り、ロッキー山に伊弉冊命を送り奉りたり。

その後の海底竜宮城は、体主霊従、弱肉強食の修羅場と化し、八種の雷神の荒びは日に月に激しくなり来り、遂には黄泉比良坂の戦ひを勃発するのやむなきに立ち到りける。

（大正一一・二・七　旧一・一一　東尾吉雄録）

○

12　身代り

いと高き大内山の一つ松に
鶴巣籠りて日の出を歌へり

第一三章　修羅場（三六三）

心も清き清彦は　朝日夕日のきらきらと
智利の都を後にして　夜はあるとも秘露の国
秘露の都へ進み行く

清彦の仮の日の出神は、昼夜間断なく三五教の宣伝に務め、都の中央なる高地を選びて宏大なる館を造り、国魂の神なる竜世姫命の御魂を鎮祭し、その名声は四方に喧伝され、あまたの国人は蟻の甘きに集ふがごとく、四方八方よりその徳を慕うて、高遠なる教理を聴問に来る者、夜に日をつぐありさまなりける。

仮日の出神は大広前に現はれ、あまたの国人に向つて三五教の教理を説きはじめたるに、

13 修羅場

末席より眼光炯々として人を射る黒い顔、しかも弓のやうに腰の曲りし男、酒に酔つぱらひて捩鉢巻をしながら、渋紙のごとき腕を捲りて高座に現はれ、清彦に向ひ大口を開けて、

『ウワハヽヽー、貴様よく化けよつたなあ。コラ俺の面を知つてゐるか』

と黒い顔を清彦の前にぬつと突き出し、妙な腰つきして右の手を無性やたらに振りながら、

『皆の者、眉毛に唾をつけよ。此奴は日の出神と偉さうに申してをるが、今この蚊々虎が面の皮を引剥いて、目から日の出神にしてやらうぞ。ウワハヽヽー』

と腹を抱へ腰を叩き、頤をしやくりて嘲弄しはじめたり。清彦は一切かまはず三五教の教を諄々として説き進めゐたり。蚊々虎は蛮声を張りあげて、

『満場の人々よ。この男は旧は地の高天原に鬼雲彦と共に謀反を企み、常世国の鬼城山に姿を隠し、美山彦、国照姫の悪神の帷幕に参じ、常世の国の会議において泥田の泥狐に欺され、泣きの涙でまたもや鬼城山に逃げ帰り、悪逆無道の限りを尽し、さしもの悪

に強き美山彦さへ愛想尽かして放り出したる、鬼とも蛇とも譬へ方なき人非人、あまたの神人に蚰蜒のごとく嫌はれて、遂には流れ流れて秘露の都へ渡り来れる、善の仮面をかぶる外面如菩薩、内心如夜叉、悪鬼羅刹の変化清熊の変名清彦といふ奴、此奴が智利の国へ渡つたとき、二人の伴を連れてゐた。其奴も同じ穴の狐、猿世彦に駒山彦、その猿世彦は今はアリナの滝に庵を結び、三五教の俄宣伝使と化け変り、あまたの国人を誑かす悪魔の変化。駒山彦は秘露の都に現はれて、これまた知らぬが仏の国人を、縦横無尽に誑かす悪魔の再来、その親玉の清熊の成れの果。贋日の出神となつて秘露の国をば闇にする、悪い企みの現はれ口、この蚊々虎が見つけた上は、もはや叶はぬ運の尽き。さあさあ、清熊白状いたせ、返答はどうぢや。この場に臨んで何も言はれまい。道理ぢや、尤もぢや。俺が代つて貴様の企みを素破抜かうか。智利の都の町はづれ、闇の夜に汝ら三人の囁く言葉、すつかり聞いたこの蚊々虎、二人の奴を闇の谷間に放つときぼりを食はしよつて、一人逃げだし路傍の芝生に腰をおろし、ありし昔の懺悔話を、後から追ひつく二人の奴に嗅ぎつけられて甲を脱ぎ、ここに三人腹を合して、この高砂洲を攪乱せむとする悪の張本人、日の出神とは真赤な偽り、鬼城山の棒振彦の参謀清熊、どうぢや往生したか。早く尻尾を出しよらぬか。ヤアヤア皆の人々、一時も早くこの場を去られよ。今に本当の日の出神が竜宮の底から出てきたら、アフンと呆れて馬鹿を見るぞよ。この蚊々虎さまはもつたいなくも、大国彦の一の家来の醜国別の家来の、そのまた家来のその家来、たくさんの家来を連れてをるのは俺ではなうて大国彦様、どこからどこまで、山の谷々、海の底まで、谷蟆のやうに嗅ぎつけ探しまはる自在天の家来の、蚊々虎さまとは俺のことだ。ヤイ清熊、まだ強情い白状せぬか。ヤイ皆の奴まだ目が醒めぬか。ここは名におふ秘露の国、秘露の都の中央で、夢見る馬鹿があるものか。早う目を醒せ、手水を使へ、腰抜野郎の屁古垂れ野郎奴』

と口ぎたなく高座より呶鳴りつけたるより、あまたの人々は喧々囂々その去就に迷ひ、あちらの隅にも、こちらの隅にも激しき争論始まりきたり。場内はあたかも鼎の沸くがごとく、雷鳴の轟くがごとく、遂には鉄拳の雨処々に降りそそぎ、泣く、笑ふ、怒る、罵る、叫喚く、たちまち阿鼻叫喚の修羅場と化し去りぬ。清彦は壇上に蚊々虎とともに仁王立となりて、この光景を見守りゐたり。

『神が表に現はれて　善と悪とを立別ける
この世を造りし神直日　心も広き大直日
ただ何事も人の世は　直日に見直せ聞き直せ
身の過ちは宣り直せ』

といふ涼しき宣伝歌が、場内の喧騒の声を圧して手に取るがごとく響きわたり、それと同時に、さしも激烈なりし修羅の光景はぴたりとやみにける。

あゝこの宣伝歌は何人の声なりしか。

（大正一一・二・七　旧一・一一　加藤明子録）

○

霊力体三元によりて道を説く
宇宙真理の大本の教

一切の宗教教理に超越し
三世をさとす大本の道

第一四章　秘露の邂逅（三六四）

折から表玄関よりツカツカと上り来る三人の宣伝使ありき。宣伝使は直ちに清彦、蚊々虎の直立せる前に進みより、

『オー、清彦殿久し振りだなあ、オー、その方は蚊々虎か』

清彦『ハア、思ひがけなき処にてお目にかかりました。貴下は日の出神様、かかる混乱紛糾の状態をお目にかけ、誠に汗顔の至りにたへませぬ』

と詫入る。蚊々虎は醜国別の顔を熟視し、

『やあ、あなたは御主人様、根の国とやらにお出ましになつたと承りしに、今どうしてここにお出でになりましたか』

と頭をピョコピョコさせ、手を揉みながら恐さうに挨拶する。清彦は桃上彦を見て驚き、

『やあ、あなたはどうして日の出神様と御同行をなされましたか』

と不思議さうに尋ねる。あまたの人々はこの光景を見て善悪正邪の区別に迷ひ、各自に耳に口を寄せて種々と囁きはじめたり。醜国別は一同にむかひ、

『満場の人々よ。吾は大自在天大国彦の宰相なりしが、重大なる罪を犯し、生命を奪はれ根底の国に陥ちゆかむとする時、大慈大悲の国治立命の御取計らひによつて竜宮城に救はれ、乙米姫命の守護らせたまふ照妙城の金門の守護となり、今までの悪心を改め昼夜勤務を励むところへ、ゆくりなくも日の出神の御来場、ここに救はれて淤縢山津見司となり、桃上彦は正鹿山津見司となり、伊邪那美之大神のお供仕へ奉りて、夜なき秘露の国へ漸く着きたるなり。いま清彦の身の上につき、蚊々虎の証言は真実なれども、清彦もまた悪心を翻し、日の出神の代理として秘露の都に現はれたるものなれば、決

して偽者に非ず。汝らは清彦を親と敬ひ、よく信じ、もつて三五教の教理を感得し、
黄泉比良坂の大神業に参加されよ』

と宣りをはり口をむすびたり。拍手の音は、さしもに広き道場も揺がむばかりなり。

日の出神は群衆にむかひ、宣伝歌を歌ひはじめたまへば、壇上の四柱もその声に合せて
節面白く歌ひ、かつ踊り舞ひ狂ひける。

『黄金山に現れませる　埴安彦や埴安姫の
貴の命の作られし　厳と瑞との玉鉾の
道を広むる神司　大道別のまたの御名
黒雲四方に塞がれる　暗世を照らす朝日子の
日の出神と現はれて　善と悪とをそぐり別け
山の尾の上や河の瀬に　猛り狂へる枉津見を

14　秘露の邂逅

真澄の鏡に照らしつつ
醜の身魂を照らさむと
海の底まで隈もなく
駒山彦や猿世彦
貴の命の宣伝使
時世時節に従ひて
優雅心になり鳴りて
教に服へ百の人
世は紫陽花の七変り
変り輝く世ありとも
心も広き大直日

恵みの剣ふり翳し
山の尾渡り和田の原
清めて廻る宣伝使
醜国別や桃上彦の
昔は昔今は今
白梅薫る初春の
吾が言霊も清彦の
教に従へ諸人よ
天地日月さかしまに
この世を造りし神直日
天地四方をかゝねの神

珍の御言の麻柱に　世は永久に開け行く
世は永遠に栄え行く　誠をつくせ百の人
神の御言を畏みて　身魂を磨け幾千代も
ミロクの世までも変らざれ　ミロクの世までも移らざれ
世は烏羽玉の暗くとも　やがて晴れゆく朝日子の
日の出国の神国と　なり響くらむ天と地
天地四方の神人よ　天地四方の神人よ
海の内外の国人よ』

との歌につれてあまたの群衆は、各自に手を拍ち踊り狂ひ、今までの騒動は一場の夢と消え失せ、館の外には長閑な春風吹き渡りゐる。これより清彦は紅葉彦命と名を賜はり、秘露の国の守護職となりける。

（大正一一・二・七　旧一・一一　北村隆光録）

第一五章　ブラジル峠（三六五）

春霞棚引わたる海原の　浪掻き分けて立ち昇る
日の出神の宣伝使　醜の曲津を払はむと
醜国別の体主霊従　霊主体従と成り変り
禊祓ひし生魂　心つくしのたちばなの
淤縢山津見と改めて　従属の司も腰骨の
蚊々虎彦を伴ひつ　教を巴留の国境

ブラジル山に差し掛る。

春とはいへど赤道直下の酷熱地帯、木葉を身体一面にまとひ暑熱を凌ぎながら、腰の屈める蚊々虎彦に荷物を持たせ、ブラジル峠を登り行く。

『モシモシちよつと一服さして下さいな。汗は滝のごとく、着物も何も夕立に逢うたやうにびしよ濡れになつてしまつた。どこかに水でもあれば一杯飲みたいものですワ』

『しつかりせぬか蚊々虎、何だ、海の底に吾々は長らくの苦労艱難を嘗めて金門の番をしてきたことを思へば、熱いの苦しいのと言つてをれるか。空気は十分になし、彼方此方を見ても水ばつかりで、ろくに息もできはしない。何ほど嶮しい坂だつて、汗が出るといつても、涼しい風がちよいちよい来るぢやないか。十分に汗をしぼり足を疲らして、もう一歩も前進することが出来ないやうになつたところで、一服をするのだ。その時の楽しさといふものは、本当に楽の味が判るよ。竜宮の苦しい、息もろくにできない所から、陸へ揚げてもらつた嬉しさといふものは、たとへ足が棒になつても、万分の一の苦労でもないワ。貴様はまだ苦労が足りないから、さういふ弱いことを言ふのだ。俺について来い』

『それはあまり胴欲ぢやございませぬか。私は竜宮へ行つたことがないから、貴下のお話は嘘か本当か知りませぬが、水の中で苦しいのは分つてをります。しかし本当の水の中なら三分か、五分経たぬ間に息が断れてしまふぢやありませぬか。それに長らく竜宮に貴下はをられたのぢやから、それを思へば貴下の御言葉は割引して聞かねばなりますまい。私はもう半時も休まずに、この山道を歩かされやうものなら、身体の汁はさつぱり汗になつて出てしまひ、コンナ熱い山の中で木乃伊になつてしまひます。ソンナ殺生なことをいはずと貴下も改心なさつたぢやないか、ちつとくらゐの情容赦はありさうなものだナア』

と涙をこぼす。

『オイ蚊々虎、貴様はなんだい、男ぢやないか。このくらゐなことで屁古たれて涙を流すといふことがあるかい』

『私は決して泣きませぬ』

『ソンナラ誰が泣くのだ』

『ハイハイ、私は立派な一人前の男です。いやしくも男子たるもの、いかなる艱難辛苦に逢うてもびくともいたしませぬ。私についてゐるお客さまが泣くのですよ』

『お客さまて何だ、貴様の副守か、よう泣く奴だな。蚊々虎といふからには、蚊の守護神でも憑いてをるのぢやらう。今まで人の生血を吸ふやうな悪いことばかり行つてきた報いだ。貴様の腰は何だい、くの字に曲つてしまつとるぢやないか。今までの罪滅ぼしだ。副守にかまはず、本守護神の勇気をだして俺に随いてこぬかい』

『貴下は今まで醜国別というて、随分善くないことをなさいましたなあ。私は貴下の御命令で、こいつは悪いな、コンナことしたらきつと善い報いはないと思つたが、頭からがみつけるやうに言はれるものだから、今までは虎の威を借る狐のやうに、心にもない

ことをやつてきました。いはば貴下が悪の張本人だ。私はただ機械に使はれたのみで
すワ』
『ウン、どつちにせよ使はれたのみか、使はれぬしらみか、人の生血を吸ふ蚊か、虎か、
狼か、熊か、山狗かだよ』
『モシモシそれはあまりぢやありませぬか。虎、狼とは貴下のことですよ。日の出神さ
まに助けてもらうて、淤縢山津見とやらいふ立派な名をもらつて、偉さうにしてござるが、
貴下は人を威す淤縢山津見だ。あんまりどつせ、ちつと昔のことも考へてみなさい。大
きな口もあまり叩けますまい。ここには貴下と私とただ二人で、傍に聞いてをるものも
ないから遠慮なく申しますが、本当に醜の曲津といつたら貴下のことですよ』
『三五教は過ぎ越し苦労や、取越し苦労は大禁物だ。何事も神直日、大直日に見直し聞き
直し、宣り直す教だから、ソンナ死んだ児の年を数へるやうな、下らぬことは止したが

よからうよ。過ぎ去つたことはもう一つも言はぬがよいワ』

『へーイ、うまく仰しやいますワイ。竜宮で門番をして苦しかつたつて仰しやつたぢやないか、それは過ぎ越し苦労ぢやないのですか』

『よう理屈をいふ奴ぢやな。今までのことはさらりと川へ流すのだい。さうして心中に一点の黒雲もなく、清明無垢の精神になつて、神様の御用をするのだよ』

『また地金が出やしませぬかな。なにほど立派な黄金の玉でも、竹熊の持つてゐるやうな鍍金玉では直ぐに剥げるといふことがありますよ。地金が石であれば、何ほど金が塗つてあつても二つ三つ擦ると生地が現はれてくるものですからナア』

『馬鹿いへ、俺の身魂は中まで水晶だ。元は立派な分霊だ。雉も鳴かねば射たれまいといふことがある。もう生地の話は止めてくれ』

『へーン、うまいこと仰しやりますワイ。口は重宝なものですな』

『オーもはや山頂に達した。オイ蚊々虎、話をしとる間にいつのまにか、山の頂辺に来てしまつたよ。貴様が苦しい苦しい、もう一歩も歩けぬなどと屁古垂れよつて男らしくもない、副守か何か知らぬが、吠面かわいて見られた態ぢやなかつたぞ。もうここまで来れば涼しい風が当つて、今までの苦労の仕忘れだ。お前の顔の黒くなつたのも、これも苦労の仕忘れになつて、白い顔になると重宝だが、これだけはやつぱり生地が鉄だから、金にはならぬよ。まあ、顔が黒いたつて心配するには及ばない。貴様のいつも得意な暗黒で、ちよいちよい何々するのには持つてこいだ。暗に烏が飛つたやうなもので、誰も見つけるものがないからな。本当に苦労の苦労甲斐があるよ』

『暗黒に出るのはやつぱり蚊ですもの、貴下の仰しやることが本当かも知れませぬ。間違つてゐるかも知れませぬ。しかし貴下の名はいま出世して淤縢山津見とか仰しやつたが、何と黒い名ですな。恐さうなおどおどとした暗の晩に、烏の飛つたやうな暗ずみナンテ、あまり人のことは言はれますまい。日の出神さまも偉いワイ。それ相当の名を下さる。人を威したり、暗雲になつて訳も分らぬ明瞭せぬ墨のやうな屁理屈を列べる醜国別に淤縢山津見とは、よくも洒落たものだワイ。アハ、、、』

『オイ蚊々虎、主人に向つて何をいふ。無礼であらうぞよ』

『ヘン、昔は昔、今は今と、日の出神が歌はれたことを貴下覚えてゐますか。昔は昔、今は今、後は何だつたか忘れました。エヘン』

（大正一一・二・八　旧一・一二　外山豊二録）

○

八雲立出雲八重垣九重に
十重に二十重に包む村雲

第一六章　霊縛（三六六）

一行はブラジル峠の山頂に四辺の風景を眺めながら、下らぬ話に耽りゐたり。涼しき風は吹き捲り、次第に烈しく周囲の樹木も倒れむばかりなりけり。蚊々虎は側の樹の根にしつかとしがみつき、

『モシモシ宣伝使様、どうしませう。散ります　散ります』

『それだから蚊といふのだ。これつばかりの風が吹いたといつて、木の根にしがみついて散ります散りますもあつたものかい。まるで酒でも注いでもらふ時のやうなことを言ひよつて、弱虫奴が。これから巴留の国へ行つたら、これしきの風は毎日吹き通しだよ。大沙漠を駱駝の背に乗つて横断しなくてはならぬが、貴様のやうな弱いことでは、駱駝の背か

ら蚊のやうに吹き飛ばされてしまふかも知れぬ。あーあ、旅は一人に限るナ。コンナ足手纏ひを連れてゐては、後髪を引かれて、進むことも、どうすることも出来やしない。嫌なことだワイ』

『モシモシ宣伝使様、偉さうに仰しやるな。後髪を引かるるといつても、髪の毛は一本もありやしないワ。俺の頭を見やつしやれ、棕櫚のやうな立派な毛がどつさりと、エヘン、アハン』

『貴様のは髪ぢやないよ。それは毛だ。誠の人間には髪が生えるし、獣には頭に毛が生えるのだ。俺の頭は髪だぞ。髪といふことは、鏡を縮めたのだ。よう光つとらうがな』

『蚊が止まつても辷り落ちるやうな頭をして、神様も何もあつたものか。蚊が止まつて噛様だ。アハ、、、、』

『何を言ふ。俺はもつたいなくも頭照す大御神様だ。頭照す大御神様の御神体は八咫の御鏡ぢやといふことは知つてゐるだらう』

『ヘン、甘いことを仰しやいますな。さすがは宣伝使様。大自在天の一の御家来、悪い事ばかり遊ばして、根の国底の国に追ひやられて、しまひには国処を売つて、世界中をうろつき廻つて、負け惜しみの強い体のよい乞食だ。宣伝使様といへば立派なやうだが、乞食の親分みたやうなものだ。頭照す大御神様もあつたものか。国処立退の命だ』

『貴様にはもう暇を遣はす。これから帰れ。何といつても連れて行かぬ』

蚊々虎は義太夫調にて、

『私をどうしても連れないと言ふのですか。それはあんまり無情い、胴欲ぢや。思ひ廻せば廻すほど、俺ほど因果な者が世にあらうか。常世の国に顕れませる、大自在天のその家来、醜国別と謳はれて、空ゆく鳥も撃ち落す、勲もしるき神さまの、家来となつた嬉しさに、あらう事かあるまいことか、もつたいない天地の神の鎮まり遊ばした、エルサレムの宮をけがし奉り、その天罰で腰痛み、腰はくの字に曲り果て、蚊々虎さまと綽名をつけられ、今は屈んでをるけれど、元を糺せば尊き神の御血筋、稚桜姫の神の御子の常世姫が内証の子と生れた常照彦よ。世が世であれば、コンナわからぬ淤縢山津見のお供となつて、重い荷物を担がされ、ブラジル山をブラブラと、汗と涙で駈け登り一息する間もなく、もうよいこれで帰れとは、実につれない情ない。善と悪とを立別ける、神がこの世にいますなら、淤縢山津見の醜国別、体主霊従の宣伝使、義理も情も知らぬ奴、やつぱり悪は悪なりき。猫をかぶつた虎猫の、蚊々虎さんも舌を捲いて、泣くにも泣かれぬ今の仕儀、どうして恨を晴らさうか。今は淤縢山津見と、厳めしさうな名をつけて、肝腎要の魂は、醜の枉津の醜国別、その本性が表はれて、気の毒なりける次第なり。それよりまだまだ気の毒なは、この山奥でただ一人、足の痛みし蚊々虎に、放とけぼりを食はすとは、ホンに呆れた悪魂よ。玉の緒の命の続くかぎり、こいつの後に引添うて、昔の欠点をヒン、剥いて、邪魔してやらねばおくものか。ヤア、トンツンテンチンチンチンだ』

『こらこら蚊々虎、馬鹿なことをいふな。貴様そら本性か、心からさう思つてるのか』

『本性でなうてなんとせう』

と手を振り口を歪め、身振りをかしく踊りだしたり。

『ハ、、貴様は気楽な奴だナ。コンナところで狂言したつて、見る者も、聞く者もありやせぬぞ。誰に見せるつもりぢや』

『お前は天下の宣伝使、これだけたくさんの御守護神が隙間もなしに聞いてをるのが分らぬか。俺はお前に聞かすのぢやない。そこらあたりの守護神に、お前の恥を触舞うて、行く先々で神がかりさせて、お前の欠点をヒン、剥かす俺の仕組を知らぬのか。それそれそこにも守護神、それそれあそこにも守護神、四本足身魂もたくさんに面白がつて聞いてゐる。

それが見えぬか見えないか。お気の毒ぢや、御気の毒ではないかいな』

このとき幾十万とも知れぬ叫び声が四辺を圧して、蚊の鳴くごとくウワーンと響きぬ。ややあつて数十万人の声として、「ウワハ、、、」とそこら中から、声のみが聞えきたる。淤縢山津見は両手を組み、顔の色を変へ、大地に胡坐をかき、思案にくるるもののごとくなりけり。

蚊々虎は俄かに顔色火のごとくなり、両手を組みしまま前後左右に飛び廻り、

『く、、くにくにくに　て、、てるてる　ひ、、め、、　くにてるひめ』

と口を切りぬ。淤縢山津見は、直ちに姿勢を正し両手を組み、審神に着手したり。

『一、二、三、四、五、六、七、八、九、十、百、千、万』

と、唱ふる神文につれて蚊々虎は、大地を踏みとどろかし踊り出したり。

『汝国照姫とはいづれの神なるぞ』

『キ、鬼城山に立て籠り、美山彦とともに常世姫の命令を奉じ、地の高天原を占領せむと、昼夜苦労をいたした木常姫の再来、国照姫であるぞよ。その方は醜国別、今は尊き淤縢山津見司となりて、日の出神の高弟、立派な宣伝使、妾は前非を悔い木花姫の神に見出され、アーメニヤの野に神都を開くウラル彦とともに、発根と改心をいたして今は尊き誠の神となり、アーメニヤの野に三五教を開き神政を樹立し、埴安彦命の教を天下に布くものである。これより巴留の国に宣伝のために出で行かむとするが、しばらく見合して後へ引き返し、この海を渡つてアーメニヤの都に立ち帰れ。巴留の国は神界の仕組変つて日の出神みづから御出張、ゆめゆめ疑ふな。国照姫に間違ひはないぞよ』

淤縢山津見は、全身に力をこめて神言を奏上し、「ウン」と一声蚊々虎の神がかりに向つて霊光を放射したるに、蚊々虎は大地に顛倒し、七転八倒泡を吹きだしたり。

『その方は邪神であらう。いま吾々の巴留の国に到ることを恐れて、この蚊々虎の肉体を使つて、天下の宣伝使を誑かさむとする枉津の張本、容赦はならぬ。白状いたせ』

『畏れおほくも日の出神の御使、国照姫に向つて無礼千万。容赦はせぬぞ』

『容赦するもせぬもあつたものか、この方から容赦いたさぬ』

と言ひながら、またもや「ウン」と一声、右の食指をもつて空中に円を画き、霊縛を施しければ、

『イ、痛い 痛い、赦せ 赦せ、ハ、白状する。吾はヤ、八岐の大蛇の眷属、八衢彦である。この巴留の国は吾らが隠れ場処、いま汝に来られては吾々仲間の一大事だから、国照姫が改心したと詐つて、汝をこの島よりボツ返す企みであつた。かくの如く縛られてはどうすることも出来ぬ。サアもうこれから吾々一族は、ロッキー山を指して逃げ行くほどに、どうぞ吾が身の霊縛を解いて下さい。タ、頼む 頼む』

『巴留の国を立去つて海の外に出て行くならば赦してやらう。ロッキー山へは断じて行く

ことならぬ。どうだ承知か』

蚊々虎の神憑りは、首を幾度ともなく無言のまま縦に振りゐたり。淤縢山津見は、「ウン」と一声霊縛を解けば、蚊々虎の身体は元のごとくケロリとなほり、流るる汗を拭ひながら、

『あゝ偉いことだつたワイ。何だか知らぬが俺の身体にぶら下りよつて、ウスイ目に逢うた。サア、サア宣伝使様、もういい加減に行きませうかい。コンナ処にをつてはろくなことは出来ませぬよ』

と正気に帰つた蚊々虎は、先に立つてブラジル山を西へ下り行く。

（大正一一・二・八　旧一・一二　東尾吉雄録）

第一七章　敵味方（三六七）

山頂の木を捩倒すごとき暴風もピタリと止みて、頭上は酷熱の太陽輝き始めたり。淤縢山津見は、蚊々虎とともにこの山を西へ西へと下りつつ、

『オイ蚊々虎、足はどうだい。ちつと軽くなつたか』

『ハイもう大丈夫です。この調子なればどんな嶮しき山でも岩壁でも、たとへ千万里の道程でも行けるやうな心持になつて来ましたワ』

『お前はしつかりせぬと曲津に取り憑かれる虞れがある。何といつてもまだ改心が足らぬから、ちつとも臍下丹田に魂が据わつてゐないので、種々の曲津に憑かれるのだよ。それで足が重くなつたり、苦しみたり弱音を吹いたりするのだ。曲津は吾々のこの山を越え

て巴留の国へ行くのを、大変に恐れてゐるのだよ。それで腹の据わらぬお前に憑つて、弱音を吹かすのだ。魂さへしつかりすれば、たとへ億兆の邪神が来たとて、指一本さへられるものではないよ』

『本当にさうですな、イヤこれからしつかり致しませう。随分私も貴下の悪口を言ひましたが、赦して下さいますか』

『赦すも赦さぬもあつたものか、みんなお前に憑依した副守が言つたのだ。お前の言ったのぢやないワ』

『三五教は甘い抜道がありますな。あれだけ私が貴下のことをぼろ糞に言つたつもりだのに、それでもやつぱり副守が言つたのですか』

『さうだ。邪神か四本足の言葉だよ』

『それでも現に私が確かに言つたことを、記憶してゐますがなあ』

『サア記憶してゐる奴が四本足だもの、虎の本守護神は奥の方にすつこみて、副守がアンナ下らぬことをいふのだ。蚊々虎も副守も、まあ似たやうなものだねー』

『さうすると私が副守の四本足ですか、そりやあまり非道いぢやありませぬか。いつたい貴下のおつしやることは何が何だか判らなくなりましたよ』

『人間のいふことなら、ちつとは、こつちも怒つても見たり、理屈を言うて見るのだけれども、何分理屈を言ふだけの価値がないからなー』

『へー妙ですなー。テンで合点の虫が承知しませぬわい』

『まあ好い。俺の言ふ通りにさへすればよいのだ。そのうちに身魂が研けて本守護神が発動するよ』

二人はコンナ話に旅の疲労を忘れて、ドンドンと、雑木の茂る山道を下り行く。傍らにかなり大きな瀑布が、飛沫を飛ばして懸りゐる。見れば四、五人の荒くれ男、瀑布の前に

腰打ち掛けて、何か面白さうに囁きゐたり。二人はその前を過らむとする時、その中の一人の男、大手を拡げて谷道に立ち塞がり、

『オイしばらく待つた。お前はどこのものだ。ここは巴留の国だぞ。鷹取別の司の御守護遊ばす御領地だ。他国の者はこの滝より一人も前へ進むことを許さぬのだ。すみやかに後に引きかへせ』

と睨みつける。蚊々虎は腕を捲り捩鉢巻をしながら、

『巴留の国が何だ。鷹取別がどうしたといふのだ。もつたいなくも三五教の大宣伝使、淤縢山津見のお通りだ。邪魔をいたすと利益にならぬぞ』

途に立ち塞がりたる男、

『俺は巴留の国の関所を守る荒熊といふ者だ。この方の申すことを聞かずに通るなら通つて見よ。利益にならぬぞ』

『よう吐かしよつたな。俺が為にならぬと言へば、猿の人真似をしよつて為にならぬと吐きよる。ウンそれも判つてゐる。人に物を貰つて返しにお返礼を出すことがある。オツトドツコイ貰ひ言葉に返し言葉、しやれるない。俺をいつたい何と心得てをる。俺は貴様のやうな副守の容器になつた四本足魂とは訳が違ふのだ。本守護神様の御発動なされる正味生粋の蚊々虎の狼だぞ。下におれ、下におれ。神様のお通りに邪魔ひろぐと貴様の為にならぬぞ。コラ荒熊、もうお返礼は要らぬぞよ』

『此奴は執拗い奴ぢや。オイ皆の者来ぬか来ぬか。五人寄つてこいつを伸ばしてしまへ』

『アハ、、、蚊々虎はさすがに虎さまだ。俺一人に五人もかからねば、どうすることも出来ぬとは、貴様らが弱いのか、俺が強いのか、根つから葉つから分らぬ。ヤイ荒熊の五つ一、見事かかるなら掛つてみよ』

と拳を握り、腕をニユツと前に突き出し、黒い目をグルグルと剥いて見せる。

『ヤイ貴様あ、どこの馬の骨か、牛の骨か知らぬが、偉う威張る奴だナ。もうそれだけか、もつと目を剥け、鼻を剥け、口を開け、お化奴が』

『言はしておけば何を吐かすか判りやしない。ぐづぐづ吐かすとこの鉄拳で貴様の横面を、カンカンと蚊々虎さまが巴留の国だぞ』

『オイオイ掛れ　掛れ。伸ばせ　伸ばせ』

と荒熊が下知するを、蚊々虎は両方の手に唾しながら、

『サア来い。五つ一、一匹二匹は面倒だ。一同五人の奴、束になつて束ねて一度にかかれ』

『何だ、割木か、柴のやうに束になつてかかれと、その広言は後にせえ。吠面かわくな、後の後悔は間に合はぬぞ』

と前後左右より蚊々虎に武者振りつく。

『ヤー、わりとは手対へのある奴だ。もしもし、センセン宣伝使様、鎮魂だ、鎮魂だ、ウンとひとつやつて下さいな』

『マー充分揉まれたがよからうよ。あまり貴様は腮が達者だから、鼻の一つも捩ぢ折つてもらへ。アハ、、、』

『そりやあまり胴欲ぢや、聞えませぬ。コンナ時に助けて下さるのが宣伝使ぢやないか、人を見殺しになさるのか。もしもし、もうそれそれ今腕を抜かれる。イ、、、イツターイ腕が抜ける。コラ荒熊、荒いことするな。柔かに喧嘩せぬかい』

『喧嘩するに固いも柔かいもあるか。この鉄拳を食へ』

といふより早くポカリと打つ。四人は蚊々虎の左右の手足にしつかりと、しがみつきゐる。

『オイ四人の者共それを放すな。これからこの蚊々虎の身体を突かうと殴らうと俺の勝手だ』

『オイ突くのも殴るのもよいが、あまり酷いことをするなよ。ちつと負けとけ、割引きせい』

『俺は負けといつたつて、喧嘩に負けるのは嫌ひだ。木挽ならどのやうにも割挽くが俺や止めた、嫌だ。貴様の生首をこれから捩ぢ切つてやるのだ。アー面白いドッコイ、貴様の面ぢや面黒いワイ。ワハヽヽヽ』

と笑ふ途端に崖から谷底目がけてズデンドウと落込みける。四人は驚きて掴まへたる手足を放したれば、蚊々虎は元気づき、

『さあ大丈夫だ。貴様らもこの谷底へみんな葬つてやらう』

四人は慄へ戦き、岩にしがみつきゐる。

『アハヽヽ、俺の真正面に来よつて、この方の霊光に打たれたと見えて、荒熊奴が仰向けに谷底にひゝつくりゝ返つた。オイ荒熊の乾児ども、面を上げぬかい。俺の霊光にひゝつくゝ

り返してやらうかい。もう大丈夫だ。もしもし宣伝使様、貴方はあまり卑怯ぢやないですか。味方の味方をせずに敵の味方をするとはよつぽど好い唐変木ですよ。それだから貴下はおーどーやーまーづーみーといふのだ。この蚊々虎の御神力に恐れ入つたらう。これからは荷物持ちになれ』

といつて大法螺を吹きながら四辺を見れば、宣伝使の影は煙と消えて見えざりけり。

『あゝ弱い宣伝使だな。此奴もまた谷底に抛られたのか知らぬ、あゝ気の毒なことだ。袖振りあふも他生の縁、躓く石も縁の端、せつかくここまでやつて来たものの、荒熊と一緒に谷底に抛られてしまうたか、エー気の毒ぢや、アー人間といふものは判らぬものだナア。今まで偉さうに蚊々虎々々だのと昔のかばちを出しよつて、偉さうに言つてゐたのが、この悲惨な態は何のことかい。昔は昔、今は今ぢや』

と調子に乗つて四人の男を前に据ゑ、一人御託を並べてゐる。そこへ流暢な声で、

『神が表に現はれて　善と悪とを立別ける
　この世を造りし神直日』

と言ふ宣伝歌聞え来りぬ。

『ヨウまた宣伝使か、誰だらう。谷底へ陥つた幽霊の声にしては、何となしに力がある。ハテナ、怪体なことがあればあるものぢや』

と独語を言つてゐると、そこへ淤縢山津見は、谷底に落ちたる荒熊を、背に負ひ労りながら、宣伝歌を歌ひつつ上り来たり。

『ヤヤ、バ、化け物が、よう化けよつたナア』

『オイオイ蚊々虎、俺だよ。化け物でも何でもない真実者だ。宣伝使は善と悪とを立別ける役だ。貴様があまり御託を並べるから同情はできない。かへつて俺は荒熊に同情してこの危難を助けたのだ。神の道には敵も味方もあるものか。三五教の御主旨は味方の中に敵がをり、敵の中にも味方が在ると教へられてある。貴様は俺の味方でありながら、神様の御心を取違ひいたして、かへつて敵になるのだ。この荒熊さまは吾々に対して無茶なことを言ひ、吾々の通路を妨げる敵のやうだが、敵を敵とせず、敵がかへつて味方となる教だ。どうだ合点がいつたか』

蚊々虎は怪訝な顔して、

『へー』

と味のない味噌を食ひたるごとき顔をして、首を傾け指をくはへ、アフンとして山道に佇立しゐたり。

（大正一一・二・八　旧一・一二　谷村真友録）

第一八章　巴留の関守（三六八）

激潭飛沫囂々と音騒がしき千仭の谷間に、身を躍らして飛び入り、重傷に悩む荒熊を助け起して吾が背に負ひ、漸くここに駆け上りて来る淤縢山津見は、荒熊を大地に下して神言を奏上し、鎮魂を施し、頭部の傷所に向つて息を吹きかけたるに、不思議や荒熊の負傷は拭ふがごとく癒え、苦痛も全く止まりて元の身体に復したり。荒熊は大地に両手をつき、高恩を涙とともに感謝し、かつ無礼を陳謝したりける。

『オイ荒さま、ドッコイ熊さま、三五教の御神徳とはコンナものだい。耳の穴を浚つてと、つ、く、りと聞かう。エヘンこの方蚊々虎様の』

と言ひつつ指の先で鼻を押へながら、

『この大きな鼻の穴から**フン**と伊吹をやつたが最後、貴様は蠑螈が泥に酔つたように大きな口を開けよつて、ア、アーと虚空をつかんで仰向けに顚覆かへつたが最後、この深い深い谷底へ**スツテンドウ**と顚覆かへつて頭を打ち割つて、「アイタツタツタ、コイタツタツタ、アーア今日はいかなる悪日かと、処もあらうにコンナ深い深い谷底へ取つて抛られ、ここで死ぬのか、後で女房はさぞやさぞ、悔むであらう。死ぬるこの身は厭はねど、昨日に変る今日の空、定めなき世と言ひながら、さてもさてもあまりだわ、不運が重なれば重なるものか、と言つて女房が泣くであらう」などと下らぬことを、河鹿のやうに、谷水に潰つて吐きよつたそこへ、天道は人を殺さず、三五教の俺らの先生様の醜国別、オットドツコイ淤縢山津見様が悠然として現はれたまひ、摂取不捨、大慈大悲の大御心をもつてお助け遊ばしたのだよ。何とありがたいか、もつたいないか、エーン改心を致せ、慢心は大怪我の基だぞよ。慢心するとその通り、谷底に落ちて酷い目に遇つて、アフンと致さねばならぬぞよと、三五教の神様はおつしやるのだ。その実地正真をこの方がして見せてやったのだぞ。改心ほど結構なものはないぞよ。エヘン』

『コラ、コラ蚊々虎、黙らぬか。何といふ法螺を吹く、神様の教を聞きかじりよつて、仕方のない奴だ。黙つて俺の言ふことを聴いてをれ』

『ヘン、大勢のところで恥を掻かさいでも、ちつとは俺に花を持たしてくれてもよささうなものだなあ』

と小声にて呟く。荒熊は宣伝使の顔をじつと見上げ、

『ヨウヨウ、貴下は醜国別様ではなかつたか』

『ヤ、さういふお前は高彦ではなかつたか。これはこれは妙なところで遇うたものだ。いつたいお前はコンナ処へどうして来たのだ。常世会議の時には随分えらい元気で弥次りよつたが、かうなつた訳を聞かしてくれないか』

『ハイ、ハイ、委細包まず申し上げますが、しかしながら、貴下は大自在天様の宰相醜国別様、いつたん幽界とやら遠い国へお出でになつたといふことだのに、どうしてまあここへお越しになつたのか、ユ、幽霊ぢやなからうかナア』

『幽霊でも何でもない』

実は斯様々々でと、ありし来歴を詳細に物語り、高彦の経歴談を熱心に聴き入りぬ。高彦は両眼に涙を湛へながら、

『私は貴下が宰相として大自在天にお仕へ遊ばした頃は、貴下のお加護で相当な立派な役を与へられ、肩で風を切つて歩いたものでございますが、貴下の御帰幽後は鷹取別の天下となり、悪者のために讒言されて常世神王様の勘気を蒙り、常世国を叩き払ひにされて妻子眷属は離散し、私はどこへ取りつく島もなく、寄る辺渚の捨小舟、漸く巴留の国に押し流され、夜に紛れてこの国に上り、労働者となつて働人の仲間に紛れ込み、す

こし力のあるを幸ひに、今はわづかに五人頭となつて、この巴留の国の関守となり、面白からぬ月日を送つてをります。この巴留の国には、常世神王の勢力侮り難く、今また伊弉冊命様がどこからかお出でになつて、ロッキー山にお鎮まりなされ、常世神王の勢力ますます旺盛となり、この巴留の国は鷹取別の御領分で、それはそれは大変厳しい制度を布かれ、他国の者は一人もこの国へ這入れないことになつてゐます。万一これから先へ貴下がお越しなさるやうなことがあれば、私は関守としての役が勤まらず、鷹取別の面前に引き出され、裁きを受けねばなりませぬ。その時私の顔を見知つてゐる鷹取別は、ヤア貴様は高彦ではないか、と睨まれやうものなら、またもやこの国を叩き払ひにされて辛い目に遇はねばならぬ。せつかく命を助けてもらつて、その御恩も返さず、これから元へ帰つて下さいと申し上げるは恩を仇にかへす道理、ぢやと申して行つてもらへば、今申す通りの破目に遇はねばならず、貴下がお出でになるならば、この関守の荒熊の首を刎ねて行つて下さい』

と滝のごとき涙を垂らして、大地に泣き伏しける。蚊々虎は笑ひ出し、

『ウワハ、弱い奴ぢや。何だい、高の知れた鷹取別、彼奴がそれほど恐ろしいのか。俺の鼻息で貴様を吹き飛ばしたやうに、鷹取別もまた吹き飛ばしてやるワイ。エ、心配するな。蚊々虎に従いて来い、俺が貴様を巴留の国の王様にしてやるのだ。面白い　面白い』

『オイ蚊々虎、貴様は口が過ぎる。この国の守護神が、そこら一面に聞いてをるぞ』

折から吹き来る夏の風、この場の囁きを乗せて巴留の都へ送り行く。

（大正一一・二・八　旧一・一二　加藤明子録）

第四篇　巴(は)留(る)の国(くに)

第一九章 刹那心（三六九）

淤縢山津見の宣伝使は、大地に伏したる荒熊に向ひ、

『高彦殿、貴下は今まで大胆不敵の強者なりしに、今かく卑怯未練の精神になられたのは、察するに貴下の身体には、邪神悪鬼が憑依して、天授の身魂を弱らせ、臆病者と堕落せしめたるならむ。すべて人は心に悪ある時は物を恐れ、心に誠ある時は物を恐れず、吾はこれより貴下の魂を入れ替へせむ。しばらくここに瞑目静坐されよ』

と厳命したるに、荒熊は唯々諾々として、命のまにまに両手を組み、路上に瞑目静坐したり。

宣伝使は双手を組み、「一二三四五六七八九十百千万」の神嘉言を奏上し終つて、左右の手を組みたるまま、食指の指頭より霊光を発しつつ、荒熊の全身を照らしたり。荒熊は

たちまち身体動揺しはじめ、前後左右に荒れ狂ひ、「キャッ、、、」と一声大地に倒れたるその刹那、今まで憑依せる悪霊は、拭ふがごとく彼が身体より脱出したり。宣伝使は「赦す」と一声呼ばはるとともに、荒熊は元の身体に復し、心中英気に満ち、顔の色さへ俄かに華やかになり来りぬ。

荒熊は突立ち上り大地を踏み轟かし、

『吾こそは元を糺せば、大自在天の宰相醜国別の御片腕、一時の失敗より心魂阻喪し、千思万慮の結果度を失ひて、八岐大蛇に憑依され、風の音、雨の響きにも心を痛め、茅の穂にも戦き恐れ、せつかく神より受けたる吾が御魂も、ほとんど潰え果て、弱り切りたるその所へ、いかなる神の引き合せか、昔仕へし醜国別の宣伝使に、人跡稀なるこの山奥に廻り合ひ、危難を救はれ、日頃吾が身を冒しゐたる悪神邪神を取払はれ、心は晴れて大空の月のごとく輝き渡り、澄みきりたり。もはやかくなる上は幾百万の敵軍も、億兆無数の曲神も、真澄の鏡振りはへて、誠の剣抜き持たし、縦横無尽に切りまくり、天地にとどろく言霊の力に、巴留の都に蟠まる、鷹取別を言向けて功績を立てむ。あゝ嬉し 嬉し 悦ばし』

と腕を叩きて雄猛びしたり。

宣伝使は満面に笑みをたたへ、

『あゝ勇ましし勇ましし。高彦殿、これより巴留の都に向はむ、案内されよ』

と、先に立ちて行かむとするを、高彦は袖をかかへて、

『しばらくお待ち下さいませ。この先には数万の群衆、日の出神の当国に押し寄せきたると聞き、軍勢を整へ伏兵を設けて待ちをれば、いかに神徳高くとも軽々しく進むべからず。ひとまづ吾は様子を窺ひ、報告仕らむ。しばらくここに待たせたまへ』

と、雲を霞と駆け出したり。蚊々虎は肘を張り、右の手の拳を固めて、左の利き腕を打

ち敲きながら、

『たとへ悪魔の軍勢幾百万押し寄せ来るとも、この蚊々虎が腕に任せ、寄せ来る敵を縦横無尽に打ち伏せ張り倒し、一泡吹かせてくれむ。ヤー面白し　面白し、吾が一生の腕試し、腕が折れるか千切れるか、蚊々虎の隠し力の現はれ時、サアサア出て来い、やつて来い。役にも立たぬ蝿虫奴ら、この蚊々虎の鼻息に百や二百の木葉武者、吹いて吹いて吹き捲り………』

『その広言は後のことだ。さう今から力むとまさかの時に力が抜けてしまふぞ、蚊々虎』

『宣伝使様。オーここな四人の守護神、人間さま、心配するなよ。俺の力をお前達は知らぬから取越苦労をするが、神の道に取越苦労は大禁物ぢや。今といふこの刹那が勝敗の分るるところ、最初から敵を恐れてどうならうか、戦はぬ内からこの蚊々虎は敵を呑んでゐるのだ。臆病風に誘はれてはならないぞ。この蚊々虎さまがブラジル峠を登つて来るときに、道の両方に雲霞のごとき、数限りも知れぬたくさんの敵が、俺等を待ち伏せてゐた。その時、この宣伝使を傍らの木の蔭に忍ばせおき、数万の敵に向つて大音声。ヤーイ皆の奴、木葉武者ども、俺を何と心得てゐる。この方は広い世界に二人とない智勇兼備の天下の豪傑 蚊々虎さまとは吾がことなるぞ。相手になつて後悔するな。サー来い勝負……と大手を拡げた。あまたの敵は、言はしておけば要らざる広言、目に物見せてくれむと、四方八方より、タツタ一人の蚊々虎さまを目がけて攻め寄せたり。強力無双の蚊々虎さまは、寄せくる敵を箸で蚕を撮むやうに、右から来る奴を左へポイトコセ、左から来る奴を右へポイトコセ、終ひにはエ、面倒と、首筋をちよつと撮んで空を目がけてプリンプリンプリン、また来る奴をちよつと撮んでプリンプリンプリン。上から降りてくる奴、下から上へ放られる奴、空中で頭の鉢合せをして、アイタ、、、ピカピカと目から火を出し、放り上げられた奴と、宙から落ちてくる奴と、途中で、貴方お上りですか、私は降りです、下へ降りなしたら蚊々虎さまによろしく……』

『コラコラ法螺を吹くにも程がある。黙らぬかい。言はしておけば調子に乗つて……ここを何と心得をる。数万の強敵を前に控へておいて、ソンナ気楽なことを言うてをるところでないぞ』

『ヤー、ヤツパリ淤縢山津見ぢやなあ。数万の敵にオドオドして、向うは真暗がり、暗墨のやうに、一寸先は真黒黒助だ。エヘン豪さうに口ばつかり、取越苦労はするな過越苦労は禁物ぢやのと、口先で立派なことをおつしやるが、この蚊々虎さまはかう見えても刹那心、たとへ半時先に嬲り殺しに逢はされようが、ソンナことは神様の御心に任してをるのだ。モシ宣伝使さま、さうぢやありますまいかな。釈迦に説法か、負うた子に教へられて浅瀬を渡るといふのか、いやもうトンとこの辺が合点の虫が、承知しませぬワイ。まさかの時になつて来ると、宣伝使さまの覚悟も誠に怪しい頼りないものだワイ』

と、目を剥き舌を少し出して、宣伝使の顔をちよつと見上げる。宣伝使は顔を少しくそむけながら、

『さうだなア。さう言へば、マア　ソンナものかい』

『ソンナものかい　もあつたものかい。甲斐性なし奴が、ちと改心したか、エーン』

『蚊々虎、無礼であらうぞよ』

かかるところへ以前の荒熊は、呼吸を勢ませながら、坂道を上り来りぬ。蚊々虎は頓狂な声で、

『ヤー帰つたか、様子は何と、仔細はいかに、具に言上　仕　れ』

『また貴様出しやばるな』

『出しやばるツて、刹那心ですよ。気が何だか急くから急いで問うたのですよ。決して取越苦労ではありませぬよ』

荒熊が、

『申し上げます、不思議なことにはいつの間にか人影もなくなつてをります。これには何か深い計略のあることと思ひますが、軽々しく進むわけにはゆきますまい。ひとつこれは考へものですな』

『ナーニ刹那心だ。行くところまで行かな分るものかい。進め 進め』

と蚊々虎は、先に立つて進み行く。後に六人は路傍の岩に腰打ち掛け、何かヒソヒソと頭をあつめて囁きゐたり。蚊々虎はただ一人、ドンドン腕を振りながら一目散に坂道を下り行く。

（大正一一・二・八　旧一・一二　森良仁録）

第二〇章　張子の虎（三七〇）

淤縢山津見は、荒熊の高彦その他の四人とともに徐々と、ブラジルの山を西へ西へと降り行く。遙か前方に展開されたる原野あり、あちらこちらに黄昏の暗を縫うて燈火が瞬きゐる。見渡せば松明の光、晃々と輝き、大勢の喚き声聞えけり。一行は、その声の方に向つて急ぎたり。

見れば蚊々虎を真中に、数百人の群衆は遠巻に取り巻きて何事か呶鳴りつけをる。蚊々虎は中央の高座に上り、

『朝日は照るとも曇るとも　月は盈つとも虧くるとも
たとへ大地は沈むとも　誠の力は世を救ふ

神が表に現はれて　善と悪とを立て別ける

ヤイ、巴留の国の奴ども、善と悪との立別けの戦争は、今におつ始まるぞ。黄泉比良坂の戦ひが目前に差し迫つてゐるのだ。何をキヨロキヨロしてゐるのだい。お前達は朝から晩まで「飲めよ騒げよ一寸先は暗夜、暗の後には月が出る」などと、真黒けの一寸先の判らぬウラル彦の宣伝歌に惚けて、酒ばかり食つて腸まで腐らしてゐる連中だらう。もつたいなくも黄金山から御出張遊ばした天下の宣伝使、常照彦とは吾輩のことだ。しつかり聞け、諾かな諾くやうにして改心さして遣るぞ。おーい。どうだ改心するか。するならすると男らしくキツパリここで神様に申し上げろ』

群衆の中から、

甲『オイオイ何だ彼奴は、偉さうに吐かしよつて、よつぽど酒が飲みたいと見えるぞ。貴様らウラル彦の宣伝歌を聞いて酒ばかり飲んで、俺には少しも飲ましてくれぬと呶鳴つてをるではないか』

乙『貴様、聞き違ひだ。彼奴はなあ、三五教の宣伝使で俺らに酒を飲むな、酒を飲むと腸が腐つて死んで終ふというて吹鳴つてをるのだ。彼奴の言ひ草はチッとは気に食はぬが、しかし吾々を助けてやらうと思つて、大勢の中に単身で飛びこんで、生命を的にあんな強いことを言うてるのだ。何ほど度胸があつても、吾が身を捨ててかからな、アンナ大胆なことは言はれるものぢやないよ』

丙『何、ありや狂人だよ。当り前の精神でソンナ馬鹿なことが言へるか。これほど皆が一に酒、二に女、三に博打というてをるその一番の楽しみを放かせといふのだもの。どうせ吾々のお気に入らぬことを喋くるのだから、生命を的にかけて、ああやつて歩いてゐるのだ。チッとは聞いてやらぬと冥加が悪いて』

甲『何だか知らぬが、この間ウラル彦の宣伝使が来たときには、たくさんの瓢箪を腰につけて自分一人酒をグッと飲んでは、酒飲め 飲めと勧めてをつたが、いくら飲めと言つたとて、俺らは酒をもつてゐないのに飲むことも出来ないし、宣伝使奴が甘さうに飲んで管を巻きよるのを、唇を嘗めて青い顔して、羨りさうに聞いてをるのもあんまり気が利かぬぜ。それよりも彼奴のやうに自分が飲まずにおいて、皆に飲むな飲むなと言ふはうが、まだましだよ。根性なりと僻まいでよいからなあ』

大勢の中より酒にへべれけに酔うた男、片肌をグッと脱ぎ、黄疸を病みたるごとき膚を現はしながら、宣伝使の前に歩々蹣跚として進み寄り、

男『やい、やーい、貴様あ、ささ酒を飲むなと吐かすぢやないかエーン、酒は飲んだら悪いかい。馬鹿な奴だなあ、これほど甘いものを食うなと吐かしよる奴は、一体全体、どこの唐変木だい。エーン、酒がなうてこの世が渡られると思うとるのか、馬鹿、何でもかでも酒がなければ、夜も明けぬ、日も暮れぬ世の中だ。そして貴様、さけもさけも、世の中に、

酒ほど甘いものがあらうか。四百種病の病より、酒を止めるほど辛いことはないといふことを知つとるか。貴様のやうな唐変木には話ができぬワイ。トットと帰れ。俺の処のお多福奴が、毎日日日酒を飲むな飲むなと吐かしよつて、むかつくのむかつかぬのつて、腹が立つて腸が沸えくり返る。それで俺あ、意地になつて、嫌でもない酒を無理に飲んでやるのだ。それに貴様はどこの奴か知らぬが、自家の嬶と同じやうに酒を飲むな、食ふなとは何のことだい。真実に人を馬鹿にしやがらあ。コンナことでも自家の嬶が聞きよつたら、三五教の宣伝使様が、酒を飲んだら腸が腐るとおつしやつたと、白い歯をむき出し、団栗眼を釣りよつて、イチヤイチヤいふにきまつてらあ。糞面白くもない。俺のところの嬶の出て来ぬ中に早う去なぬか、待ち遠い奴だ。何をほざいてゐやがるか』

蚊々虎は泥酔者の言葉を耳にもかけず癇声を張り上げて、

『世の中に酒ほど悪い奴はない　家を破るも酒の為

離縁になるのも酒の為　喧嘩をするのも酒の為
生命を捨てるも酒の為　小言の起るも酒の為
ケンケンいふのも酒の為　酒ほど悪い奴はない
腸腐らす悪酒に　酔うて管巻く悪者は
さてもさても気の毒な　酒を飲むなら水を飲め』

と歌ひ出すを、泥酔者はますます怒りて、蚊々虎の横面めがけてポカンと殴りつける。蚊々虎はまたもや癇声を張り上げて、

『人を殴るも酒の為　夫婦喧嘩も酒の為』

男『まだ吐かしよるか、しぶとい奴だ。もつと殴つてやらうか』

蚊々虎は目を塞ぎ、泥酔者に向つて「ウーン」と一声呶鳴りつけたるに、泥酔者はヒヨロヒヨロとよろめきながら、傍らの石原に顛倒し額を打ちて、滝のごとく血を流しゐる。大

勢の中より、

甲『おいおい、泥酔者が転けよつた。あらあ何だ、血が出てゐるぢやないか、救けてやらぬかい』

乙『救けてやれと言うたつて、コンナ者に相手になる者は、この広い巴留の国には一人もありはせないよ。彼奴はグデン虎のグニヤ虎の喧嘩虎というて、大変に酒の悪い奴だ。指一本でも触へようものなら、因縁をつけよつてヘタバリ込んで、十日でも二十日でもぐづぐづ言うて、只の酒を飲む奴だ。アンナ者に相手になつたら、それこそ家も倉も山も田も飲まれて了ふぞ。相手になるな、放つとけ放つとけ。彼奴が死によると皆の厄介除けだ。国中の者が餅でも搗いて祝ふかも知れないよ』

乙『彼奴が噂に高い酒食ひの喧嘩虎か。やあ煩さい、煩さい、よう言うてくれた』

虎『だ、だ、誰だい、俺をグデン虎のグヅ虎の喧嘩虎だと、どこに俺がグヅを巻いたか、喧嘩をしたか。さあ承知せぬ、俺を誰様と心得てゐる。俺は広い巴留の国でも、二人とない虎さまだ。虎さまが酒を飲むのが何が不思議だい。酒飲みはみな酔うと首を振りよつて、誰も彼も張子の虎になるのだ。虎が酒飲んだのが、な、な、何が悪い。さあ承知せぬ、貴様の家は知つとるから、これから行つて家も、倉も、山も、田も、御注文通り飲んでやらうかい。二人の奴、酒の燗をして置きよらぬかい』

と団栗目をむきて睨みつけたる。

甲、乙『モシモシ、虎さまとやら、お気に障りまして誠に済みませぬ。私は決して貴方のことを申したのではありませぬ。他の国にソンナ人があるげなと言うたのです。取違ひしてもらつては困ります』

『いかぬいかぬ、誤魔化すか。何でもよい、飲んだらよいのだ、コラ、八頭八尾の大蛇の子とは俺のことだぞ。何もかも飲むのが商売だ』

二人は顔を顰め当惑しゐる。蚊々虎はこの場に現はれて、

『おい虎公、酒食ひ、何をぐづぐづ言ふか。俺の腕を見い、誰だと思つてる、三五教の宣伝使だ。貴様が喧嘩虎なら、此方さんは蚊々虎ぢや。虎と虎との、ひとつ勝負を始めようかい』

『な、何だ、喧嘩か、喧嘩は酒の次に好きだ。こいつ、酒の肴に喧嘩でもやらうかい、面白からう』

と虎は立ち上りて、蚊々虎めがけて飛びかかる。蚊々虎は泰然自若として、彼が打擲するままに身を任せゐる。かかるところへ暗を破りて、

『神が表に現はれて　善と悪とを立別ける』

と声爽やかな宣伝歌は聞え来りける。

（大正一一・二・八　旧一・一二　北村隆光録）

第二一章　滝の村（三七一）

蚊々虎は喧嘩虎に、蠑螺のごとき拳をもつて、頭といはず顔といはず、身体一面、嫌といふほど打擲せられ、平気の平左にて宣伝歌を歌ひゐる。群衆の中より、またもや一人の泥酔者現はれきたり、

『おい虎公、そんな手緩いことであくかい。俺が手伝うてやらう』

と言ひながら、脚もひよろひよろと進み来り、棒千切をもつて、

『かうやるのだ』

と言ひつつ、ポンと食はしたり。酒に酔ひ潰れて目も碌に見えぬ泥酔者は、蚊々虎と間違へて、喧嘩虎の頭を嫌といふほど打ちのめす。喧嘩虎は、

『コラ、何をしよるのだ、喧嘩芳。貴様は蚊々虎の贔負をしよつて、何だ。こんな酒を飲むなといふやうな馬鹿な奴に、味方をするといふことがあるかい。喧嘩なら負けはせぬぞ』

と言ふより早く鉄拳を振り上げて、芳公の頭を打擲る。芳公はやにはに棒千切をもつて、虎の頭を打つ。虎公はますます怒つて、芳公の髪を掴みて引摺り廻す。芳公は悲鳴をあげて泣き叫ぶ。群衆の中より口々に、

『オイオイ、誰かはひらぬか、はひらぬか』

『はひれといつたつて、あんな酒癖の悪い奴の中に、誰が仲裁にはひる奴があるものか、放つとけ　放つとけ』

二人は組んづ組まれつ、血泥になりて、死物狂ひに闘ひ出したるを、蚊々虎は二人の中に分け入り、

『ママア待つた　待つた。喧嘩は止めた　止めた。オイ虎公、芳公、貴様らが喧嘩してる

のではない。酒が喧嘩をしてるのだ。それだから俺が酒を止めろといふのだ。どうだ止めるか』

『ヤア何だい。貴様だと思つて喧嘩してをつたのに、俺の友達の虎公だつたのかい、此奴あ、当が外れた。虎公勘忍せ。これからこの宣伝使にかかるのだ』

芳公と虎公は両方より、蚊々虎に向つて、頭にポカポカと鉄拳を加へる。蚊々虎は泰然自若として打たれてゐる。群衆は口々に、

『何と偉いものだな。三五教の宣伝使は本当に忍耐力が強い。吾々もあの宣伝使に見倣つて、何事も辛抱するのだ。さうすれば喧嘩も何もいりはしない。立派な教だ。ウラル教の宣伝使のやうに口ばつかりと違ふ。本当に立派な行ひだ。吾々も三五教がにはかに好きになつたよ』

この時またもや暗中より、

『朝日は照るとも曇るとも　月は盈つとも虧くるとも
　たとへ大地は沈むとも　誠の力は世を救ふ』

といふ宣伝歌聞え来れり。群衆は耳を澄まして、声する方に向き直る。

松明の火はドンドン燃え立ちて、周囲は昼のごとく明らかなり。そこへ宣伝歌を歌ひながら淤縢山津見は、荒熊の高彦を従へて、悠々と出で来る。

『ヤア蚊々虎か。お前その頭はどうした。ひどく血が流れてゐるではないか』

『血ぐらゐ流れたつて、血つとも応へぬ。誠の力は世を救ふ。血をもつて世界を洗ふのです。血つとも心配はいりませぬ。力とするは神ばかりです』

とニコニコ笑ひゐる。荒熊は大音声を張り上げて、

『吾こそはブラジル山の関所を守る荒熊である。今までの悪を改め、善に立ち復り、三五教の宣伝使に従つて、ここまで来たのだ。今ここにをる蚊々虎は、宣伝使のお供だ。供で

さへも、これほどの忍耐力を持つてゐる。人間は忍耐がなくては、何事も成就せないぞ。七転八起は世の習ひとはいふものの、転ぶは易い、亡ぶのは容易だ。されど起き上るのはなかなかむつかしい。これには耐へ忍びが肝腎だ。皆の人たちよ、三五教の教を聞いて、心のドン底から霊魂の洗ひ替へをなさるがよからう。この世はウラル教の宣伝歌ぢやないが、一寸先は闇の世だ。弱い人間の力で、この世が渡れさうなことはない。俺も今までの我慢や悪を止めて、三五教に入信したのだ。皆の人々よ。俺が鏡だ。皆揃うて改心して下さい』

と呶鳴り立てる。群衆はおのおの小声になつて荒熊の話を聞き、

『ア、人間も変れば変るものだ。彼奴の口から、どうして、あんな言葉が出るのだらう。きつと好い教に違ひない』

と口々に誉め称へてをる。

淤縢山津見は中央の高座に登り、諄々として三五教の教理を説きはじめたり。これより
この群衆の七、八分は一度に三五教の信者となり、たくさんの駱駝を宣伝使に贈りて、巴留
の都行きを助けたり。この村は滝の村といふなり。

（大正一一・二・八　旧一・一二　土井靖都録）

○

いまだ世になかりし大なる災厄の
来る思へば恋しき神なり

昔より話にさへも聞かざりし
世の変遷を思ふ春なり

第二二章　五月姫（三七二）

　この日は巴留の国の国魂を祭るべく、あまたの群衆は広き芝生に出で、神籬を立て種々の物を献じ、直会の酒に酔ひ潰れ、夜に入りて松明を点し、今や直会も済み退散せむとせる折からに、蚊々虎は一目散に走り来りて宣伝歌を歌ひ始めゐたり。蚊々虎は喧嘩虎や喧嘩芳に打擲され、勘忍袋を押へて我慢してゐた矢先、淤縢山津見、高彦の二人現はれしためホツと一息し、またもや宣伝歌を歌ひ、代つて高彦の改心演説がありて、次に淤縢山津見が、声も涼しく宣伝歌を調子よく歌ひゐたり。

　群衆の中より天女のごとき美人現はれ、宣伝使の前に頭を下げ、

『宣伝使様、誠に有難うございました。妾はこの地方の酋長闇山津見の娘、五月姫と

申すもの、なにとぞ妾を大慈大悲の大御心をもつて、御供に御使ひ下さいますれば有難う存じます』

と恥かし気に頼み入る。群衆は酋長の娘五月姫がこの場に現はれ、宣伝使に丁寧に挨拶せる体を見て大いに驚き、口々に、

甲『なんと宣伝使といふものは偉いものだな。巴留の国の東半分を御構ひ遊ばす闇山津見の御娘の五月姫様が、あの通り乞食のやうな宣伝使に頭を下げて「なにとぞ御供に連れて行つて下さい」と仰しやるのだもの。何と俺も一つ宣伝使になつて、アンナ別嬪に頭を下げさしたり、「妾をどこまでも連れて行つて下さい」ナンテ、花の唇をパッと開いて頼ましたいものだ』

乙『この助平野郎』

とやにはに甲の横面をピシヤリと殴りつける。

甲『妬くない、妬いたつて馨しいことはありやしないぞ。貴様のやうな蟇蛙面に誰が宣伝使になつたとて随いて行きたいナンテいふものがあるかい。突いて行きます竹槍で、欠杭の先に糞でもつけて突いて行きますくらゐのものだよ、アハ、、、』

蚊々虎は五月姫に向ひ、

『エヘン、世の中に何が尊いといつたところで、天下の万民を救うて肝腎の霊魂を水晶に研き上げる聖い役をするくらゐ、尊いものはありませぬ。さあさ、随いてござれ、蚊々虎が許す。モシモシ御主人、でない、醜、ドッコイ淤縢山津見の宣伝使様、拙者の腕前はこの通り。お浦山吹の花が咲き盛りですよ』

五月姫『イエイエ、妾は貴方のやうな御方に連れて行つて貰ひたくはありませぬ。何ほど尊い宣伝使様でも、ソンナ黒い御顔では見つともなくて外が歩けませぬワ、ホ、、、、』

『顔の色は黒くつても、心の色は赤いぞ。赤き心は神心だ。神の心になれなれ人々よ。

人は神の子、お前は人の子、神の代りをいたす宣伝使の蚊々虎に随いて来れば大丈夫だよ。結構な花が咲きますよ』

『貴方の鼻は誠に立派な牡丹のやうなはなでございます。奥様がさぞ御悦びでせう。縁は妙なもので合縁奇縁といひまして、妾はどうしたものか、貴方のお顔は虫が好きませぬ。何卒そちらの方の御供をさして頂きたうございます』

高彦は右の食指にて鼻を押へて、顔をぬつと突き出し、俺かといはぬばかりに頤をしやくりて見せる。

『オイ、関守の、谷転びの、死損なひの、荒熊、自惚れない。この世界一の男前、蚊々虎でも肱鉄を御喰し遊ばす女神さまだ。貴様のしやつ面に誰が随いて来るものかい』

高彦『モシモシ五月姫様、それはいつたい誰のことですか。恥かしさうに俯いてばかりをらずに明瞭と言つて下さい。高彦の私でせう』

五月姫は首を左右に振り、

『いーえ、違ひます、違ひます』

『ソンナら誰だい』

『もう一人の御方』

『馬鹿にしよる。オイ、醜、オド、幽霊、宮毀し、竜宮の門番、世の中に物好きな奴があればあるものだ。コンナ渋紙面がよいといの。オイ醜の宣伝使さま奢れ奢れ。本当に大勢の中で恥を掻かしよつて、蚊々虎はもうお前達と一緒に宣伝は止めだ。コンナ美人を俺がせつかく宣伝しておいたのに、後の方からチヨツクリ出てきて、仕様もない声で歌を歌ふものだから、さつぱり御株を奪られて了つた。オイ高彦、お前と二人この場をとつとゝと立ち去らうぢやないか』

『蚊々虎、さうは行かぬよ。この宣伝使の御供を吾々はどこまでもするのだから』

『ヤア分つた。宣伝使の後にこの別嬪が随いて行くものだから、貴様は体のよいことを言ひよつて五月姫の御供をするつもりだらう。そして間には臭い屁の一つもいただかして貰はうと思ひよつて、本当に嫌らしい奴だナ。貴様は女にかけたら目を細くしよつて、その態たらない、いつたい何だい』

『貴様の面は何だい。オイ涎を拭かぬか。見つともないぞ』

淤縢山津見は、黙然として両手を組み吐息を漏らしてをる。五月姫は思ひ切つたやうに、

『まうし三人の宣伝使様、妾の住処は実に小さき荒屋でござりまするが、貴方等が御泊り下さいまするには、事欠きませぬ。妾が父の闇山津見も、三五教の宣伝を非常に有難がつてをります。何とぞ妾に随いて御越し下さいませ』

と先に立ちて歩み出す。淤縢山津見は初めて口を開き、

『何はともあれ、闇山津見に御目にかかつて、三五教の教理を聴いてもらはう。しからば今晩は御世話になりませう』

『あゝ早速の御承諾、妾が両親もさぞや悦ぶことでござりませう。コレコレ供の者、駕籠をここへ持つてお出で』

『アーイ』

と答へて、暗黒より一挺の駕籠を明りの前に担ぎ出す。

『なにとぞ宣伝使様、これに御召し下さいませ』

『吾々は天下を宣伝するもの、苦労艱難は吾々の天職。もつたいない、駕籠に乗ることは到底出来ませぬ。駕籠に乗らねばならなければ、平に御断りを申します』

『やあ、乗り手がなければ、蚊々虎でも辛抱いたしますよ』

五月姫は、

22　五　月　姫

『貴方の駕籠ぢやありませぬ』

蚊々虎は舌をちよつと出して、

『あなたの駕籠ぢやありませぬと、仰せられるワイ』

と肱鉄砲の真似をしながら、淤縢山津見の後から蚊々虎は不承不承に随いて行く。

駕籠は空のままどこともなしに影を隠しける。五月姫は先に立ち三人の宣伝使を伴ひ、闇山津見の館に帰り行く。

（大正一一・二・八・旧一・一二　外山豊二録）

○

月も日も西へかくるるごと見ゆれ
月の船こそ東へ進める

第二三章　黒頭巾（三七三）

五月姫の従者は松明を点しながら、先に立ちて道案内をなす。三人の宣伝使は後に随いて行く。蚊々虎、高彦の二人は途々話を始める。

蚊々虎（小さい声で）『おい、縁は異なもの乙なものぢやないか。吾輩のやうな目許の涼しい鼻筋の通つた、口許の締つた男らしい、そしておまけに立派な毛の生えた男を嫌つて、あの禿茶瓶の醜国別が好きだとは、どこで勘定が合ふのだらう。彼奴が頭巾を着てよるから、夜のことなり間違へよつたのだぜ。頭巾を脱いだら五月姫はびつくりしよつて、「やつぱり人違ひでござりました。こちらのお方」ナンテ言ひよつて、俺の方へ秋波を送るに決つてるわ。アンナ男を可愛がつたところで、どこが尻やら頭やら判つたものぢやない。物好きもあればあるものだね』

高彦『俺が女だつたら……』

『さうだつたら、俺に惚れるだらう』

『自惚れない。貴様の腰はくの字に曲つてをるなり、嗄声の癇声を出して、石原を薬罐でも引摺るやうな宣伝歌を歌はれたら、愛想が尽きてしまふわ。マア何かい、宣伝使の禿頭の化が露はれて、五月姫が尻を振つたら、第二の候補者はマア高さまかい』

『高が知れたる高彦が、何だい。山道の関守奴が、あんまり自惚れな』

『へ、つ、ぴ、り、腰の薬罐声の貴様に、五月姫もあつたものかい』

『何、馬鹿にしよるない』

と蚊々虎は、高彦の横面を拳骨を固めてポカンとやらうとするを、高彦は、

『おい、三五教だよ、耐へ忍びだ』

『ヤアー、宣伝使も辛いものだナ。俺が今までの蚊々虎だつたら、貴様の頭を思ふ存分やつてやるのだけれど、あゝ神様も胴欲だワイ』

五月姫は二人の争ひを聞いて、思はず知らず、

『ホ、、、』

と笑ひ出したり。

『おい高公、ホ、、ホケキヨーぢやと。まるで鶯のやうな声だね』

『そらア貴様の薬罐声とは、テンデ物が違ふよ。金と鉛か、お月さまと鼈か、雲と泥か、まあソンナものだなあ』

『何つ！　キリキリキリキリ』

『こら、歯軋りを噛んで握り拳を固めよつて、そら三五教だよ。見直し、聞き直しだ』

『直に人に轡を嵌めよつて、コンナ奴に生半熟教理を教へると都合が悪いわ』

『皆さま暗夜に御苦労に預りました。これが妾の両親の住まつてをります荒屋でござります。さあさあ　お上り下さいませ』

淤縢山津見は、

『然らば御免』

と、五月姫に導かれ、先に立ちて進み行く。蚊々虎はその口真似をして、

『暗夜のところ、ご苦労でございました。これが妾の両親の住まつてをります荒屋でござります。さあさあ　お上り下さいませ。……然らば御免』

『貴様独言いうて、一人返事をしてるのか。馬鹿だなあ』

『おい高彦、馬鹿と言ふことがあるか、宣り直せ』

『馬鹿々々しい目に逢つたワイ。おい蚊々虎、ぐづぐづしとると門から突出されやしないかな』

『何、突き出しよつたら突き出たらいいのだ。つき出でて、月出る彦の神さまになるのだ。あゝ、月が上つた、あれ見い、三五の明月だ』

四辺は月光に照らされて、昼のごとくに明るくなりぬ。

二人は今や東天をかすめて差し昇る満月の光を眺めて、いろいろと無駄話に耽るうち、中門はガラガラ　ピツシヤリと閉められ、五月姫、淤縢山津見は、深く門内に姿を隠したりける。

『おい高公、ガラガラ　ピツシヤンぢや』

『オイ蚊々虎、ガラガラ　ピシヤンて何だい』

『何だつてガラガラ　ピシヤンぢやないか』

『ガラガラ　ピシヤンが何だい。閉める時はピシヤンといふし、開ける時はガラガラといふのだ。どこの門口だつて、ガラガラ　ピシヤンはするよ。何が珍しいのだ』

『貴様も血の環りの悪い奴だな。それでは宣伝使も落第だよ。天の岩戸はピッシャリと閉つて、俺ら二人は放つとけぼりだ。人を雲天井に寝さしよつて、自分らは綾錦に包まれて淤縢山津見の奴、今晩は神楽をあげて面白さうに岩戸開きをやりよるのだよ。馬鹿々々しいぢやないか。一つ今晩門の戸でも叩いて囃してやらうかい、い、い、むかつくからなあ』

『三五教だ。耐へ忍びだ。怒つちやいかぬよ』

『馬鹿にしやがるなアー、辛抱せうかい』

この時またもやガラガラと音がして、三人の若い女、徐々と二人の前に現はれ、

『これはこれはお二方様、夜の事といひ、取り込んでをりますので、つい忘れました。お姫様がお二人の方はどこへいらつしやつたと、大変にお尋ねでございます。どうぞ早くこちらへお這入り下さいませ』

『おい、これだから耐へ忍びが第一だといふのだナ。俯いた拍子に頭巾を辷り落して、光

つた頭を五月姫に見られて、落第しよつたのだぜ。かうなるとやつぱり蚊々虎さまだよ』
『糠喜びをするない、お前のやうな腰付きでは誰だつて惚れやしないよ。それは目のまん丸い鼻の大きい口の大きい締りのある、ちよつと見ても強さうな高彦さまに、白羽の矢が立つのだよ。まあまあ明日の朝に勝敗が分るわ』
『もしもしお客様、お話は後でゆつくりして下さいませ。お姫様が大変お待ちでございます』
蚊々虎『吐かしたりな吐かしたりな、お姫様がお待遠だとい。エヘン』
と蚊々虎は肩怒らして先に立ち、門内に姿を隠したりけり。

（大正一一・二・八　旧一・一二　東尾吉雄録）

第二四章　盲目審神（三七四）

闇山津見の奥殿の広き一間は、夕食の用意調へられ、一応主客の慇懃なる挨拶もをはりて各自晩餐の席に着きぬ。

夕食もここに相済み、淤縢山津見は二人とともに、神床に向つて天津祝詞を奏上する。

闇山津見は一行にむかひ慇懃にその労を謝し、かつ、

『折入つて宣伝使にお尋ね申したき事があります。どうぞ御教示を願ひます』

と言ふ。

『何事か知りませぬが、神様に伺つて見ませう』

『宇宙万有一切のことを説き明す宣伝使、大は宇宙より小は虱の腹の中まで』

『コラコラ蚊々虎、お黙りなさい』

『私は高天原に坐したる伊弉冊命が、黄泉国へお出ましになつたといふことを承つてゐました。しかるにこのごろ常世のロッキー山に伊弉冊命が現はれ給うたといふことを、巴留国の棟梁鷹取別より承りました。二人の伊弉冊命がおありなさるとすれば、い、い、どちらが真実でございませうか。吾々はその去就に迷ひ、どうとかしてその真偽を究めたきものと、日夜祈願をしてをりました。しかるに昨夜の夢に「明日は三五教の宣伝使がこの国へ来るから、五月姫を迎ひに遣はせ」とのお告げでありました。それゆゑ今日は吾が娘を町端れの国魂の森に、群衆に紛れて入り込ませ、宣伝使のお出でを待たせてをりましたところ、夢のお告げの通り、三五教の宣伝使に、お目にかかつたのも、全く御神示の動かぬところと深く信じます。この事についてどうか御教示を願ひます』

『サア確かに吾々は竜宮城より伊弉冊命様のお供をいたして参りましたが、途中で別れました。伊弉冊命様には日の出神といふ立派な生神と、面那芸司がお供いたしてをるはずであります。ロッキー山に、これから行くと仰せになりましたから、それが真実の伊弉冊命様でありませう』

蚊々虎の身体は俄かに振動を始め、遂には口を切り、

『オ、、淤縢山津見、汝の申すことは違ふぞ、違ふぞ。伊弉冊命様は、テ、、やつぱり言はれぬ、言はれぬ。ロッキー山に現はれたのは、常世神王の妻大国姫の化け神だぞよ』

『汝はいづれの曲津神ぞ、現に吾々は伊弉冊大神のお供をして海上に別れたのだ。その時のお言葉に、これよりロッキー山に立籠ると仰せになつた。その方は吾を偽る邪神であらう』

蚊々虎は手を振り揚げながら、首を左右に振り、

『違ふ違ふ、サツパリ違ふ。ロッキー山の伊弉冊命は、大国姫だ。もつとしつかり審神

をいたせ。此の方をいづれの神と思うてをるか。盲目の審神者、モーちつと霊眼を開いて、
吾が正体を見届けよ』
『いかに巧みに述べ立つるとも、この審神者の眼を暗ます事はできまい。外の事ならいざ
知らず、伊弉冊大神の御事については、此の方たしかに見届けてある。偽りをいふな、
退れ退れ』
『断じて退らぬ。汝の霊眼の開くるまで』
淤縢山津見は一生懸命に両手を組み、霊縛を加へむとす。蚊々虎は大口開けて、
『ウワハ、、ー小癪な、やりをるワイ。ウワハ、、ーあまりをかしうて腹の皮が捻れるワ
イ。ウワハ、、ー』
『闇山津見様、この神がかりは当にはなりませぬ。大変な大曲津が憑ついてゐます。あの
通り笑ひ転けて、吾々を嘲弄いたす強太い悪神。コンナ奴の言ふことは信じなくても宜し

い。吾々は生きた証拠人、伊弉冊大神は、この常世の国のロッキー山に確かにをられます』

蚊々虎はまたもや大口開けて、

『アハ、、、あかぬ、あかぬ、淤縢山津見の盲目の審神者。イ、、いかに霊縛を加へても、ウ、、動かぬ 動かぬ。煩いか 倦厭したか。エ、、偉さうに 審神者面を提げて何の態、オ、、俺の正体が分らぬか。をかしいぞ をかしいぞ、ウワハ、、。カ、、可哀さうなものだ。キ、、気張つて気張つて汗みどろになつて、両手を組んで、ウンウンと霊縛は何の態だ。ク、、苦労が足らぬぞ。コンナ審神者が苦しいやうなことで、どうして宣伝使がつとまるか。ケ、、怪しからぬ奴だ、見当は取れまい、権幕ばかりが強うても神には叶ふまいがな。コ、、これでもまだ我を張るか、困りはせぬか。サ、、審神者のなんのと、よくもほざいたものだ、サツパリ霊眼の利かぬ探り審神者だ。シ、、知らぬことは知らぬと言へ、強太い奴だ。神の申すことを敵対うて、この神は邪神だの、当にならぬのとは、それや何の囈言だ。ス、、隅から隅まで気のつく審神者でないと、霊界のことは澄み切るやうには分らぬぞ。セ、、宣伝使面を提げて、へぼ審神者が俺を審神するなどとは片腹痛い、ソ、、そんなことで世界の人間が導かれるか』

『タ、、頼みます。もう分りました、怺へて下さい。しかし貴神はお考へ違ひではありませぬか。現に私は伊弉冊大神様のお供して、御口づからロッキー山に行くといふことを承つたものですから、この事ばかりはどうしても本当にできませぬ』

『何ほど言うても訳の分らぬ宣伝使、神はこれからタ、、立ち去るぞよ』

言葉をはるとともに蚊々虎の肉体は、座敷に仰むけざまに打倒れたり。淤縢山津見はふたたび鎮魂を施し、神言を奏上し、ロッキー山に伊弉冊神の隠れいますことを確かに信じ、闇山津見に固く、相違なき事を告げけり。闇山津見は厚く感謝して、その夜は三五教の話に夜を明したり。

付　言

伊弉冊命の火の神を生みまして、黄泉国に至りましたるその御神慮は、黄泉国より葦原の瑞穂の国に向つて、荒び疎びくる曲津神達を黄泉国に封じて、地上に現はれ来らざるやう牽制的の御神策に出でさせられたるなり。それより黄泉神は海の竜宮に居所を変じ、再び葦原の瑞穂の国を攪乱せむとする形勢見えしより、またもや海の竜宮に伊弉冊大神は到らせたまひ、ここに牽制的経綸を行はせ給ひつつありける。乙米姫命を身代りとなして黄泉神を竜宮に封じ置き、自らは日の出神に迎へられて、ロッキー山に立籠るべく言挙げしたまひ、ひそかに日の出神、面那芸司とともに伊弉諾の大神の在す天教山に帰りたまひぬ。されど世の神々も人々も、この水も漏らさぬ御経綸を夢にも知るものはなかりける。ロッキー山に現はれたる伊弉冊命はその実常世神王の妻大国姫に金狐の悪霊憑依して、神名を騙り、常世神王大国彦には八岐の大蛇の悪霊憑依し、表面は日の出神と偽称しつつ、種々の作戦計画を進め、遂に黄泉比良坂の戦ひを起したるなり。ゆゑに黄泉比良坂において伊弉冊命の向ひ立たして事戸を渡したまうたる故事は、真の月界の守り神なる伊弉冊大神にあらず。大国姫の化身なりしなり。

（大正一一・二・八　旧一・一二　加藤明子録）

○

高山の頂きを見れば眼のあたり
八重村雲のかかる忌々しさ

大神の道ふみ迷ひ自から
皆狼となり果てにけり

第二五章 火の車（三七五）

闇山津見の館における淤縢山津見一行の三五教の説示は、ますます微に入り細に渡り、遂に鶏鳴に達したり。

闇山津見は一同に向ひ、

『思はず尊き御話に実が入りまして、最早五更となりました。皆さまおくたびれでせう、しばらく御休み下さいませ』

と別室に寝所を作り、奥の一室に姿を隠したり。

『大変にくたびれました。どうです、一つ休まして貰ひませうか。実際ブラジル峠を越えて来て、蚊々虎の脚は棒のやうになつてしまひましたよ』

『それだから広言は後にせよといふのだ。千里万里も応へぬとか、たとへ数万の敵が押寄せ来るとも張り倒すとか、豪い元気だつたが、随分弱音を吹くなあ。お前の刹那心も調法なものだよ』

『ナア高彦、ちつとは休養といふことをせなくては、身体のためにならぬ。寝る時には寝る。遊ぶ時には遊ぶ。活動する時には、獅子奮迅の勢ひで活動すれば好いぢやないか』

『大変雲行きが変つて来ましたな。どうやら明日は雨が降りさうだ。雨が降つたら、またゆつくり休まして貰はうかい。昨日は宣伝使様に随いて大活動だつた。大沙漠を横断するのも勇壮なものだ。時に昨夜の神がかりはどうだつた。随分つまらぬものだなあ、蚊々虎さま』

『ナーニ、神様が俄審神者に分つてたまらうかい。これから此の方が神がかり兼審神者だ。モシモシ宣伝使様、今日から私が審神者の役だ。そこへ一遍御坐りなさい。寝るのが厭なら審神者でもして、守護神を現はして上げようかい。ブラジル峠でこの神主に悪霊が憑いたからといつて、いつまでも悪霊ばかりが憑いてたまるものか。淤縢山津見の審神者は先入主をよう除らぬから、さつぱりへぼ審神をするのだ。やつぱり過去のことを思つてゐるから、本当のことが判らぬのだよ』

『ソンナラ改めて審神をしてやらうか』

『人民の癖に神を審神するといふことがあるか』

『さうだらう、化けを現はされては面目ないからな』

高彦『五月姫の前で邪神だの、あてにならぬのと面目玉を潰されては、審神してもらふ気にもならぬなう』

このとき門外に宣伝歌聞え来る。三人は耳を澄まして聴きゐる。宣伝歌はおひおひと近寄り来る。二人の女に導かれて、この場に現はれたる宣伝使あり。彼は被面布を捲り上げ、一行に挨拶する。

『私は三五教の宣伝使です。承れば巴留の国に同じ三五教の宣伝使が見えたといふことで、取るものも取あへず参りました。私は智利の国に宣伝をやつてゐるものです』

蚊々虎はつらつら宣伝使の顔を見て、

『ヤア、お前はコヽ、駒山彦ぢやないか。俺らと一緒に高白山を攻めた時、爆弾に命中つて脆くも死んだはずのお前が、どうしてここへやつて来たのだ。ハヽア夜前俺らが神がかりをやつたので、貴様救けて貰はうと思つて幽冥界から来たのだな。道理で顔の色が蒼黒いワイ。コラ駒山彦の幽霊、俺が今審神をしてやらう』

『オーお前は蚊々虎か。ようまあ無事でをつたね。お前のことが忘れられぬので幽冥界から迎へに来たのだよ。さあさ一緒に行かう、閻魔様が待つてゐるぞ。貴様はあんまり悪い事ばかりやつたので、閻魔の庁から御迎へに来たのだ。門口には赤鬼や、青鬼がたくさんに来て待つてをる。俺は貴様の顔を知つてをるので検視の役に来たのだ。サーサ早く早く』

『駒山彦、待つて下さい。モシモシ宣伝使様、淤縢山津見さま、此奴は曲津でせう。審神して下さいな。困つたものがやつて来ました』

『審神するに及ばぬ。この霊眼で一目見たらチヤンと分つてゐるのだ。なるほど貴様は悪い奴だ。これから閻魔さまにお目玉でも頂戴して、修行した上で幽冥界の宣伝でもやつたらよからう。現界も幽界も同じことだ。ただ生命がなくなるだけの違ひだ、とつとと行つたらよからう。アーア悪い事はできぬものだな』

『モシモシ、駒山彦の地獄の御使さま、貴方も知つての通り、俺よりもモツト悪い張本人がここにをります。此奴はなあ、今は偉さうに淤縢山津見ナンテいうてゐるよるが、元は醜国別といつて、あらうことかあるまいことか、御三体の大神様の御宮毀ちの張本人だ。

私はこの男に頤の先で使はれただけだ。閻魔さまもちよつと聞えませぬ。罪の大小軽重をよく審判して下さい。コンナ悪い奴をこの世にほつといて、蚊々虎さまのやうな正直な者を幽世へ連れて行くとは、あんまり胴欲ぢや』

『エー蚊々虎さま、刹那心だよ。先の事はどうならうと心配せいでもよい。年貢の納め時だ。男らしくとつとと行つたがよからう。ついでに、淤縢山津見さまも……後に残る宣伝使はエヘン、この高彦さま一人だ。五月姫とこれから二人、宣伝に歩くのだよ』

『馬鹿にするない。俺はそい、つ、が修羅の妄執だ。モシモシ、駒山彦のお使ひさま、この高彦といふ奴はな、今までこの巴留の国に荒熊というて悪い事ばつかりしてゐた奴だ。貴方も知つてるだらう。昔は俺らと一緒に随分悪いことをした奴だ。いつ、その、こと三人とも連れて行つて下さいな』

『イヤ、さうは行きませぬ。今度は一人だけ御迎へして帰ります。御車が一台より来てをりませぬから』

『ヤア、洒落てるね。地獄へ行くのに車が迎へに来たのか。ドンナ立派な車だい』

『それはそれは立派な火の車ですよ』

『エー火の車、そいつは御免だ。ソンナラ籤引をしようかい』

『アハヽヽヽ、馬鹿だね。嘘だよ。蚊々虎、幽霊でも何でもありはしないが、貴様は今まで偉さうに審神者になつてやるの、立派な神がかりになるのと法螺を吹いたが、駒山彦のあの霊衣が判らぬか。幽界から来たものなら三角になつてをるはずだ。あの円満な五色の光彩を放つてゐる霊衣が判らぬか』

『ほんにほんに、あんまりあわてて霊衣に気がつかなかつた』

『貴様は本当に霊衣が見えるのか。貴様の霊衣は三角になりかけてをるぞ。三角になる奴は冥土行きの近づいた証拠だ。アハヽヽヽ』

蚊々虎は自分の頭へ手をやり、身体中を探つて霊衣が手に触らぬかと捜してゐる。駒山彦は一同に向ひ、

『私は不思議な縁にて筑紫の国より、智利の国へ渡る船中において、日の出神様に邂逅ひ、結構な教をうけたまはり、それより悪心を翻し、旧友とともにこの高砂洲に渡り、智利の国を猿世彦と南北に別れ、宣伝を致してをりました。しかるに風の便りに承れば、三五教の宣伝使が、ブラジル峠を越えられたといふこと、巴留の都には鷹取別といふ悪神がをつて、三五教の宣伝使を全滅させようと、いろいろ計画をしてをるといふことですから、吾々も一つ御手伝ひがしたいと思うて参つたのです。何卒御供に御加へ下さらばありがたう存じます』

『面白い面白い、蚊々虎が御供を許す』

『私は蚊々虎さまに御願ひしたのぢやありませぬ。淤縢山津見さまに願うたのですよ』

『俺が許したら同じことだ。ねェ、淤縢山津見さま』

このとき門外に、幾百人とも知れぬ人声聞え来りぬ。

（大正一一・二・九　旧一・一三　外山豊二録）

（第一二章～第二五章、昭和一〇・三・二　於神聖会総本部　王仁校正）

○

天災地変を指折り数へ松虫の
　冬の霜さき憐れなりけり

大神の心の奥を覚りなば
　ただ一口の言の葉も出ず

第二六章　讃嘆（三七六）

門内には駱駝の嘶く声、群衆の話し声、刻々に高まり来る。蚊々虎はムックと身を起し、玄関に立ち現はれ、

『ヤアヤアその物音は敵か味方か、実否はいかに』

と、呶鳴り立ててゐる。高彦は吹き出し、

『オイオイ、あわてるな、なぜ刹那心を発揮せぬか』

『刹那心ぢやといつたつて、かうなつて来てはどうもかうもあつたものかい。刹那心も切ないワイ、この蚊々さまは』

『アハ、、、、弱い奴だな、法螺ばかり吹きよつて。昨日のやうな勇気はよう出さぬのか』

『出さいでか、まあ見てをれ。これから蚊々虎は寄せくる敵に向つて、この鉄拳を縦横無尽に打ち振り打ち振り、打つて打つて打ち倒し、勝鬨挙ぐるは瞬く間さ。細工は流々仕上げを見てから何なと言へ』

と言ふより早く、韋駄天走りに門外に飛び出しける。高彦は後見送りながら、

『オーイ、待て待て、アー往つてしまひよつた。狼狽者だなあ、飛んで火に入る夏の虫かい。モシモシ淤縢山津見様、いかが取り計らひませう』

『まあ急くに及ばぬ。ゆつくりお茶なと飲んで心を落着けたらよからう』

『察するところ、鷹取別の配下の軍勢が、吾々一同を亡ぼすべく、押し寄せたのではありますまいかナア、淤縢山さま』

『サア淤縢山津見には何とも判らぬなあ』

このとき韋駄天走りに玄関より上つて来た蚊々虎は、

『オーイ、淤縢山津見、一同の者、確り致せ、敵は間近く攻め寄せたりだ。駒山彦を始めとし、なまじひに身を逃れむとして敵の捕虜となり、死恥を見せむよりは、潔くこの場で割腹々々。サアサア　腹を切つたり　切つたり』

『アハヽヽヽ、オイ、狂言をするない。あの声を聞いたか。ウロー、ウローと言つてるではないか。吾々一行を、この辺の人民が神様のやうに思つて、お祝ひに来てるのだぞ。駱駝の声といひ、喜びの声といひ、あの言霊にどうして敵意を含んでをるか。貴様もいい狼狽者だ。それだから臍下丹田、天の岩戸に魂を据ゑてをらぬと、まさかの時には狼狽へて、キリキリ舞ひを致さなならぬと仰しやるのだよ。何だこの態は、キリキリ舞ひをしよつて、恥でも知れ。五月姫さまが、襖を細目に開けて、笑つていらつしやるぞ』

『ソンナことは遠の昔に百も承知だ、千も合点だ。駒山彦の奴、俺を地獄から迎ひに来たなんて脅かしよつたから、俺も一つ返報がへしをしてみたのだ。貴様は要らぬことを言ひよつて、俺の妙計の裏を掻くといふことがあるかい。実の事をいへば、五月姫様でさへも、その父さまの闇山津見さまでさへも、丁重に待遇して、教を受けられるやうな立派な蚊々虎の宣伝使を、お祝ひ申せ、お礼に行かねばならぬと、皆の者が言ひ合して、色々の珍しい物をどつさり持つて、駱駝に積んでな、蚊々虎に進上したいと言つていよるのだよ。ヘン、豪勢なものだらう』

『アハヽヽヽ、笑はせやがらあ。へー貴様のやうな宣伝使に、誰が木の葉一枚くれる者があつてたまるか。みな淤縢山津見の宣伝使と、高彦さまの改心演説に感心してお祝ひに来たのだよ。あんまり自惚れてもらふまいかい。貴様は自惚れるのも一番だが、恐がるのも、威張るのも一番だ。それだから馬鹿の一番といふのだよ、ウフヽヽ』

『何など勝手に吐けい。百千万の敵にも、ビクともいたさぬことはないことはない蚊々虎だ。木葉武者は控へてをらう』

『オイ、また狂言するのか。五月姫が窺いてるよ』

玄関に二、三人の声として、

『頼みます、頼みます。闇山津見さまに会はして下さい』

玄関番は、「ハイ」と答へて、直ちに奥の間に走り入り、この旨を伝へたるに、闇山津見は、五月姫とともに宣伝使一同の前に現はれて、

『昨夜は失礼いたしました。今日はどうか御悠りと御休息を願ひます。つきましては巴留の国の人民共が、宣伝使の労を犒ひたいと申して、種々の御土産物を持参いたしました。いま三人の代表者がこれへ参りますから、どうか話をしてやつて下さいませ』

『重ねがさねの御親切、ありがたう存じます。いつでもお目にかかりませう』

かく挨拶を交すをりしも、三人の男、代表者としてこの場に現はれ、一同にむかひ丁寧に辞儀をしながら、

『宣伝使御一同様に申し上げます。この地方は、鷹取別の軍勢がたくさんに入り込み、強盗をする、婦女子を嬲り者にする、乱暴狼藉いたらざるなく、昨日までは何事が勃発するかも知れないといつて、この国人は戦々兢々として仕事も手につかず、心配をいたしまして、国魂の神のお祭を始めてゐましたところが、思はずも宣伝使様の宣伝歌が聞えるとともに、鷹取別の軍勢も、悪神の私語も、ピタリと影を隠し、声を潜めてしまひました。大方この大沙漠を横断して、西の国へ逃げ帰つたのでせう。吾々人民が塗炭の苦しみをお救ひ下さいましたその御高恩の万分の一に酬ゆるために、吾々は人民を代表して、ここに数十頭の駱駝を献上いたしたいと思うて参りました。御受納下さらば有難き仕合せに存じます』

と、言ふを聴きて、

『あゝさうか、それは良く改心ができた。結構だ。神様は何よりも改心が一等だと、宣はせられる。高砂洲の国魂、竜世姫神は実に偉い神さまだ。さうしてそれよりま一つ偉いのは、この蚊々虎の宣伝使だ』

『はい、左様でございますか。その偉いお方はどこにをられますか。一度拝顔を願ひたいものです』

『をられますとも、たしかにこの場に鎮座まします。とつくりと拝んで帰るがよからう』

高彦クスクスと笑ひ出す。

『不謹慎な奴だ。何がをかしいか。黙れ 黙れ』

蚊々虎は代表に向ひ、

『蚊々虎といふ生神の、立派な広い世界にただ一人よりない宣伝使は、この御方だ』

と右の手を左手にて握り、食指を突き出しながら、空中を東から西へと指さし、その指の先を自分の鼻の上に、テンと乗せて見せる。高彦は、

『オイ、三五教は耐へ忍びだ』

と言ひつつ、横面をピシャリとやる。

『何をツ、チョ、チョコザイナ。蚊々虎を知らぬか』

『オイ、見直し聞き直し、耐へ忍びだよ。それが生神の宣伝使だよ』

五月姫はおもはず、「オホ、、、」と倒て笑ふ。

『貴方がその結構な宣伝使でございましたか。それにしても余りお軽うございますな』

『軽いぞ軽いぞ、お前達のやうに罪の重い者では宣伝使はできぬからなう』

『蚊々虎さま、偉い勢ひですな、駒山彦も感心いたしました』

『ウン、それでよい。長く喋ると屑が出る。言はぬは言ふにいや勝るだ。オイ、代表者ども、生神の宣伝使は、人民の厚き志、確かに受納いたしたと申し伝へよ』

『ハイ、畏まりました』

甲『オイ、ちよつと此奴はをかしいぜ』

乙『神さまなんて、アンナものだよ』

丙『妙な神さまもあつたものだな』

蚊々虎ニヤリニヤリ、

『其の方どもは何を私語くか。生神の前だぞ』

『イヤ、三人の御方、私が淤縢山津見でございます。どうか皆さまに宜しう御礼を仰しやつて下さい。今偉さうに申し上げました彼は、蚊々虎といふ私どもの荷物を持つ従僕でございますから、どうかお心に障へられぬやうに。宣伝使はアンナ者かと思はれちや、教の疵になりますから、私は改めて宣り直します』

蚊々虎は面を膨らし、淤縢山津見の宣伝使を睨み詰めてゐたりける。

高彦は堪へかねて「ウワハ、、、、」、闇山津見も同じく「フツフツ、、、、」、駒山彦も

また「クワッ クワッ クワッ クワッ」、五月姫も「オホ、、、、」、代表者は妙な顔して、
「エヘ、、、、」。

（大正一一・二・九 旧一・一三 東尾吉雄録）

○

立直しそりや立替へとかしましく
　さへづる百舌の声ぞ忌々しき

新しき御代生れむと折々に
　人の驚く事のみ出で来も

第二七章　沙漠（三七七）

蒼空一天の雲翳もなく、天津日は中天に輝きたまふ真昼時、ここに四人の宣伝使は、数十頭の駱駝にあまたの食物を積み、駱駝の背にヒラリと跨りて闇山津見夫婦に名残を惜しみ、大沙漠を横断して、巴留の都に進まむとする時、五月姫は名残惜しげに門口に送り出で、

『堅磐常磐に変りなき　世や久方の大空の
天の河原に棹さして　エデンの河に天降りまし
恵みも深き顕恩の　郷に鎮まる南天王
日の出神と現はれて　四方の国々隈もなく
神の御教を輝かし　千尋の海の底の宮

27　沙　　漠

竜の都に出でまして
救ひ玉ひし生神の
淤縢山津見司様
名残は惜しき夏の空
心悲しき五月姫
思ひは同じ世を救ふ
妾は女の身なれども
清き司と成らざらめ
思ふ心の仇曇り
教の司の宣伝使
残りて何を楽しまむ

憂瀬に悩む神人を
教の御子の宣伝使
その外三人の宣伝使
五月の暗に掻き曇る
血を吐く思ひの杜鵑
神の身魂を稟け継ぎし
神の御言を宣べ伝ふ
常世の闇を晴らさむと
晴らさせ給へ淤縢山津見
汝は都へ妾は後に
明日をも知れぬ人の身の

空しき月日を送るべき　荒野の露と消ゆるとも
沙漠の塵に埋むとも　世人を思ふ村肝の
心は曇る五月闇　疾く晴らさせよ宣伝使』

と声しとやかに歌ひて、名残を惜しむ。闇山津見はこの歌を聞きて五月姫の心中を察し、新たに駱駝を曳出し来り、五月姫に与へ、淤縢山津見一行とともに、宣伝使として天下を教化することを許したり。五月姫は天へも昇る心地し、ここに男女五人の宣伝使は轡を並べて、さしもに広き巴留の大砂漠を横断することとなりにけり。

ここに五人の宣伝使は、闇山津見をはじめあまたの国人に「ウロー、ウロー」の声に送られ、意気揚々として、闇山津見の館を後に、宣伝歌を歌ひながら進み行く。いよいよ大砂漠に差しかかりたれば、前方よりは烈しき風吹き荒み砂煙を立て、面を向くべきやうもなかりけり。

蚊々虎は大音声を張り上げて、

『風よ吹け吹け旋風吹けよ
雨も降れ降れイクラデモ降れよ
天は下りて地となり
いかなる大難来るとも
この言霊に吹き散らし
靡き伏せなむ神の徳
いづれの神も諸人も
青菜に塩のそのごとく
謝り入るは目の当り
砂も飛て飛て何ぼなと飛てよ

砂よ飛て飛て天まで飛てよ
たとへ砂漠は海となり
地は上りて天となる
神にもらうた蚊々虎の
薙いで払うて巴留の国
蚊々虎さまの神力に
虎狼や獅子熊も
縮んで萎れてペコペコと
風も吹け吹け何ぼなと吹けよ
ソンナことには応へぬ神だ

応へぬはずだよ誠の神の　教を伝へる宣伝使
淤縢山津見の司様　勇む心も駒山彦や
天狗の鼻の高彦や　天女に紛ふ五月姫
ちつとも恐れぬ金剛力の　蚊々虎さまがござるぞよ
進めや進めやいざ進め』

と口から出まかせに、大法螺を吹きながら駱駝の背に跨がり、勢ひよく風を冒して進み行く。

漸くにして風はピタリと止み、夏の太陽はまたもや煌々と輝き始めたり。

駒山彦『オイオイ蚊々虎の宣伝使、豪勢なものだな。お前のその大法螺には、風の神だつて何だつて萎縮してしまふわ。よくも吹いたものだなー』

蚊々虎『向うが吹きよるから吹いたのだ。めつたやたらに吹いて、俺らを砂煙に巻きよつたから、俺もまた一つ風の神に向つて、大法螺を吹いて吹いて、風の神もお前達も一緒に煙に巻いたのだよ』

高彦『ハ、、、相変らず、空威張の上手な男だネー』

『喧しう言ふない、先を見て貰はうかい。先になつて驚くな、どんな働きをなさるか知つてゐるかい』

『オホン刹那心だ。先のことをいつたつて判るものか。今の内に精出して法螺でも吹いておくがよからう。万緑叢中紅一点の五月姫の女宣伝使がゐると思つて、にはかに元気づきよつて、声自慢で法螺歌を歌つたつて、風の神なら往生するならむも、五月姫さまはソンナことではちよつとお出でぬぞ』

『馬鹿いふな。オイオイ、際限もないこの砂漠だ。いつたい何日ほど走つたら、巴留の都へ行くか知つてをるかい』

『ソンナことは知らぬワイ。お前は神懸りさまぢやないか、宇宙一切のことが判明るなら、そのくらゐなことが鏡に懸けたごとく知れさうなものでないか』
一行は互ひに駱駝に跨がり、あるいは宣伝歌を歌ひ、雑談に耽りながら、漸くにして巴留の都に着きにける。

（大正一一・二・九　旧一・一三　森良仁録）

○

言霊の幸ひ助くる神国に
　生れていかで世をば歎かむ

村肝の心の底も見ゆるかな
　言葉の玉の転ぶまにまに

第二八章 玉詩異（三七八）

一行は巴留の都の入口の、老木茂れる森林に駱駝を繋ぎ休息したりぬ。淤縢山津見は一同と車座になり、作戦計画を相談しゐたり。

『ここは大自在天、いまは常世神王の領分、鷹取別が管掌するところだから、よほど注意をせなくてはならぬ。大自在天の一派は、精鋭なる武器もあれば、権力も持つてをり知識もある。加ふるに天の磐船、鳥船など無数に準備して、併呑のみを唯一の主義としてをる体主霊従、弱肉強食の政治だ。吾々はこの悪逆無道を懲さねばならぬのだ。さうして吾々の武器といつたら、ただ一つの玉を持つてをるのみだ。その玉をもつて、言向和すのだから、大変に骨が折れる。先づこの戦ひに勝つのは忍耐の外にはない。御一同の宣伝使、この重大なる使命が勤まりますか』

蚊々虎は、

『もちろんのこと、武器もなければ爆弾もない、ただ天からもらつたこの玉一つだ』

と握拳を固め一同の前に突出し、肩を怒らしながら、

『吾は天下の宣伝使、腰に三尺の秋水はなけれども、鉄より固いこの拳骨、寄せくる敵を片端から、打つて打つて打ちのめし、一泡吹かしてくれむ』

『コラコラ、ソンナ乱暴なことをやつてよいものか。ミロクの教をいたす吾々は、一切の武器を持つことは出来ない。ただ玉のみだ』

『その玉はこれだ』

と握拳を丸くして、、、、ニユツと突出して見せる。

高彦『馬鹿だなあ、そりや握り玉だ。玉が違ふよ』

蚊々虎『ソンナラ俺は玉を二つ持つてゐる蚊々虎だ。何方を使はうかな。貴様らの持つてをるのとは余程大きい立派なものだよ。駱駝に乗つて走るときには邪魔になる。歩く時にも大変な邪魔物だ、一つ貴様に貸してやらうか。それはそれは立派な睾の玉だぞ』

『洒落どころかい、千騎一騎の正念場だ。貴様の魂をもつて敵に当れといふことだよ』

『宣伝使がそれくらゐのことを知らぬで勤まるかい、ちよつと嬲つてやつたのだよ。敵地に臨んでも、綽々として余裕のある、蚊々虎さまの度胸を見せてやつたのだよ。高彦、これ見よ、、、、だらりと垂下つてゐる。度胸のない奴は強敵の前に来ると縮み上るといふことだが、貴様の玉は二つとも臍下丹田　天の岩戸のあたりに鎮まつてをるのだらう。いな舞ひ上つてをるのだらう』

五月姫は、

『ホ、、蚊々虎さまのお元気なこと、妾は腸が撚れます』

と腹を抱へて忍び笑ひに笑ふ。

『コレコレ、姫御前のあられもないこと、宣伝使のおつしやることを、若い女の分際として笑ふといふことがあつたものか。女らしうもない、ちとらしうしなさい』

『淤縢山津見様、蚊々さまや、高さまのお話では一向要領を得ませぬ。一つ大方針を駒山彦に示して下さいな』

淤縢山津見は立つて歌を歌ふ。

『宣伝将軍有雷声　進神兵万里沙程
争知臨敵城下地　大道勝驕却虚名』

『何とむつかしい歌だなう。宣伝使様、一遍審神をして上げませうか蚊々虎が。妙なことを言ひますなあ、猿の寝言のやうにさつぱり訳が分らぬぢやないか』

『イヤ、駒山彦は分つてゐますよ』

『分つてゐるなら言うてくれ、ヘボ審神者の誤託宣だ。どうで碌なことはあるまい。蚊々虎さまを大将とすれば、すべての計画はキタリキタリと箱指したやうに行くのだが、淤縢山津見は我があるから、サッパリ行かぬのだ。駒山彦よ、貴様も犬や猿の寝言みたやうなことを、知つとるの、知らぬのというて、貴様達が知つてたまるか。もう教へてもらはぬわ。脱線だらけのことを聞いたつて仕方がないからなあ』

かく談合ふ所へ、長剣を提げ甲冑を身に纏うた荒武者数十名の駱駝隊現はれ来り、

『ヤア、その森林に駱駝を繋ぎ、休息せる一行のものは、三五教の宣伝使には非ざるか、潔く名乗を上げて吾らが槍の錆となれよ』

と呼ばはりたり。

『ヤアお出でたなあ、日頃の力自慢の腕を試すは今この時だ。ヤア五月姫殿、この蚊々虎が武勇を御覧あれ。オイオイ三人の弱虫ども、この方の武者振を見て胆を潰すな』

高彦は蚊々虎に向ひ、

『貴様三五教の教理を忘れたか』

『危急存亡のこの場に当つて、三五教もあつたものか。機に臨み、変に応ずるはこれ即ち神謀鬼策。汝らのごとき愚者小人の知るところでない。邪魔ひろぐな』

と赭黒き腕を捲りて数十人の群に飛び入り、仁王立となりて大音声、

『吾こそは、元を糺せば盤古神王の遺児、常照彦なり。今は蚊々虎と名を偽つて、巴留の都に天降り来りし、古今無双の英雄豪傑だぞ。この鉄拳を一つ揮へば百千万の敵は一度に雪崩を打つて、ガラガラガラガラ。足を一つ踏み轟かせば、巴留の都は一度にガラガラガラ、滅茶々々々々。鬼門の金神国治立尊の再来、蓮華台上に四股踏み鳴らせば、巴留の国の三つや四つ、百や二百はたちまち海中にぶるぶるぶる、見事相手になるなら、なつて見よー』

と眼を剥きて呶鳴りつけたり。この権幕に恐れてか、数十騎の駱駝隊は、駱駝の頭を立て直すや否や、一目散にもと来し道へ走り去りぬ。蚊々虎は大手を振り、一同の前に鼻ぴこつかせながら帰り来り、

『オイ、どうだい、俺の言霊は偉いものだらう。言霊の伊吹によつて雲霞のごとき大軍も、瞬くうちに雲を霞と逃げ散つたり』

一同『ハヽヽヽ』

『イヤもうどうも駒山彦は恐れ入つた。随分吹いたものだね』

『吹かいでか、二百十日だ。吹いて吹いて吹き捲つて巴留の都を、冬の都にしてしまふのだ』

高彦『油断は大敵だぜ、逃げたのは深い計略があるのだよ。蚊々虎が勝に乗じて追ひかけて行くと、それこそどえらい陥穽でもあつて豪い目に遇はす積りだよ。それに違ひない、

さすがは淤縢山津見様だ。最前も吟はつしやつたらう。

　争知臨敵城下地　大道勝驕却虚名

だ。オイ敵の散乱した間に何とか工夫をしようではないか』

『女の俄宣伝使の差出口、誠に畏れ多いことではございますが、ここでありがたい神言を奏上して、宣伝歌を歌つたらどうでせう。蚊々虎さまの言霊よりも御神徳が現はれませう』

淤縢山津見はやや感心の体にて、

『ヤア、これは好いところへ気がついた。ヤア一同の方々、神言を力いつぱい奏上いたしませう』

一同『御尤も　御尤も』

と異口同音に答へながら、芝生の上に端坐して神言を奏上し、終つて五人の宣伝使は蚊々虎を真先に宣伝歌を歌ひながら、城下に向つて進み行く。

（大正一一・一・九　旧一・一三　加藤明子録）

○

山川も一度にどよむ世となりて
百神たちは荒れ狂ふなり

天地の神の怒りもいと深し
堪へ忍びの袋破れて

第二九章 原山祇（三七九）

五人の宣伝使は、巴留の城下を指して宣伝歌を歌ひながら、ドンドンと進み行く。蚊々虎は先頭に立ち眼を白黒しながら、前後左右に眼を配り、何時敵の襲来せむも図りがたし、寄らば鉄拳を加へむと拳を握り、肩を怒らし、異様の足つきにて進み行く。城下には彼方にも此方にも三人、五人、十人と集つて、この宣伝使の扮装を見て、種々の噂をなしゐたり。

甲『オイこの間来た宣伝使は、鷹取別さまに惨酷い目に遭つて、砂漠の中に埋められてしまひよつたといふことだが、いま来た奴はよつぽど強さうな奴ぢやないか。きつと仕返しに来よつたのだらう。また一つ面白い騒動がオツ始まるぜ。あのギロギロした眼の玉を見い。あんな眼で一つ睨まれたら、なんぼ御威勢の高き鷹取別さまでも、縮み上つてしまふぜ』

乙『何、あの腰を見よ、くの字に曲つてしまつてるぢやないか。偉さうに大道を大手を振つて、八王神のやうに六方を踏んで歩いてるが、コンナ奴は腰のくの字のやうに苦もなく撮み出されてしまふよ』

丙『ヨウ、あれは何だ。素敵な別嬪がをるぞ。気楽な宣伝使だなあ。嬶を連れよつて、コンナ敵城下へ、歌を歌つて来るなんて、よほど度胸がなくては、やれた芸ではないぜ』

甲『たつた今、御城内の駱駝隊が豪い勢ひで行きよつたが、帰るときは蒼白な顔して、火の玉が出たとか言つて逃げて帰つたでないか。彼奴は余程偉い奴だぜ』

蚊々虎はこの声を耳に挿みて得意顔、

『オーイ、そこにをる人間ども、いま何と言つた、火の玉が出たと言つたらう』

一同『ハイハイ申しました』

29 原　山　祇

235 - 8

『その火の玉はどこから出たのか分つてるか。もつたいなくも三五教の宣伝使様のこれが光つたのだよ』

と指で自分の眼を指して見せる。

高彦『コラコラ道草を食はずにズツと行かぬか』

『何だい、人を牛か馬かのやうに吐かしよつて、何でもいいワイ。蚊々虎さまに踵いて来い。恐さうに五人の真中に這入りよつて、高彦、その態ア何だ。矢面に立つのはやつぱり蚊々虎さまだ。歌へ歌へ』

一同は声を揃へて、

『神が表に現はれて　善と悪とを立別ける
傲り高振り世の人を　目下に見下す鬼瓦
寒い暑いも知らず顔　天狗の鼻の鷹取別が

29　原山祇

巴留(はる)の都(みやこ)に現(あら)はれて
汗(あせ)や膏(あぶら)を吸(す)うて飲(の)む
善(ぜん)と悪(あく)とを立別(たてわ)けて
天津御国(あまつみくに)へ救(たす)け往(ゆ)く
春(はる)は来(く)れども花咲(はなさ)かず
冬(ふゆ)の寒(さむ)さにブルブルと
救(たす)けむ為(ため)の宣伝使(せんでんし)
神(かみ)の教(をしへ)に目(め)を醒(さま)せ
月(つき)は盈(み)つとも虧(か)くるとも
誠(まこと)の神(かみ)の守(まも)ります
音(おと)に名高(なだか)き淤縢山津見(おどやまづみ)の

生血(なまち)を搾(しぼ)り民草(たみぐさ)の
神(かみ)が表(おもて)に現(あら)はれて
誠(まこと)のものは久方(ひさかた)の
地獄(ぢごく)のやうな巴留(はる)の国(くに)
秋(あき)は来(く)れども実(み)は実(の)らず
慄(ふる)ひ戦(をのの)く民草(たみぐさ)を
巴留(はる)の都(みやこ)の人々(ひとびと)よ
朝日(あさひ)は照(て)るとも曇(くも)るとも
たとへ大地(だいち)は沈(しづ)むとも
三五教(あなないけう)は世(よ)を救(すく)ふ
貴(うづ)の命(みこと)の宣伝使(せんでんし)

光り輝く蚊々虎の
常世の枉津見逃げて行く
日の出神が現はれて
四方に塞がる村肝の
さしもに広き大砂漠
神徳高き高彦の
巴留の都の人々よ
眼を洗つて目を覚ませ
直日に見直し聞き直す
怯めず怖れずドンドンと
救ひの道を早く聞け

二つの眼に照らされて
黒白も分ぬ五月空
世界を照らす五月姫
心の駒山彦司
駱駝の背に跨がりて
道を教ふる宣伝使
眼を洗へ目を覚ませ
ただ何事も人の世は
誠の神の宣伝使
吾らが前に現はれて
救ひの船に早く乗れ

乗り後れなよ神の船』
と歌ひながら何の恐れ気もなく、鷹取別の城門に向ふ。このとき天空を轟かして幾千とも数へきれぬ天磐船、鳥船が北方の天高く姿を隠しける。

淤縢山津見は平然として、

『アハヽヽヽ、さすがの鷹取別も言霊の偉力に恐れ、宣伝歌に縮み上つて逃げよつたな。刃にちぬらずして勝つとはこの事だ。しかし油断は大敵、一同の者気を注けられよ』

『何と宣伝使様、蚊々虎の言霊に限りますなあ。最前も最前といひ、雲霞のごとき大軍が吾々の鼻息に吹き散つたかと思へば、またもや吾々の宣伝歌に縮み上つて逃げてしまつた。本当に何でこれほど、この蚊々虎は神力が多いのか知らぬ。吾ながら驚嘆するの外はないぢやないですか』

『コラコラ貴様ばつかり功名を横取りしようと思つても、さうはさせぬぞ。皆日の出神様の御守護だ。貴様は俺の目が光つたのだなんて法螺を吹きよつたが、あれを見よ、城の櫓の上に大きな火の玉が現はれてゐるぢやないか』

一同は櫓に眼を注げば、高彦の言のごとく晃々赫々たる巨大なる火の玉は、五色の輝きを見せて空中に揺らぎてゐる。一同は思はず「アッ」といひながら大地に平伏し、拍手して天津祝詞を奏上したり。ここに淤縢山津見は高彦をこの国の守護職とし原山津見と命名し、急使を馳せて天教山の木花姫の御許に認許を奏上したりける。

（大正一一・二・九　旧一・一三　北村隆光録）

○

個人的弥勒神政成就あり
世界的にも神政成就あるなり

第五篇　宇都の国

第三〇章　珍山峠（三八〇）

高彦は巴留の国の西部の守護職となり、国魂竜世姫神の神霊を奉斎し、鷹取別の跡を襲ふことになりぬ。一行は数日間ここに滞在し国人に宣伝歌を教へ、名残を惜しみつつまたも宣伝歌を歌ひて、珍の国を指して進み行く。夜を日に踵ぎて四人の宣伝使は、漸くにして巴留と珍との国境、珍の峠の山麓に着き、芝生の上に腰うち掛け、折から吹きくる涼風に汗を払ひつつ、四方山の話に耽りぬ。

四辺の木々の梢には油蝉が、ミーンミーンと睡たげなる声にて囀りゐる。駒山彦は細谷川の清き水を手に掬ひて飲みながら、

『ア、水ほど甘いものはない。酔醒の水の甘さは下戸知らずだワイ』

蚊々虎『オイ駒、酒も飲まずに酔醒もあつたものかい。あんまり日が長いのでくたびれて夢でも見をつたな。夢の浮世と言ひながら、さてもさても困つた駒山彦だ。アハヽヽヽ』

『オイ蝉の親方、乾児がたくさんゐると思つて威張つてるな』

『蝉の親方つて誰のことだい。よもや俺のことぢやあるまいな』

『誰のことだか知らぬが、蝉といふ奴は人が来ると啼き止んで、パーイと隣の木へ遁げて行く奴ぢや、その機にきつと小便をかけて行くよ。貴様はこれまで何でも物を買ひよつて、好いほど使ひよつて、モー嫌になつたと言ひよつて、価も払はずに小便をかける奴ぢやらう。やかましく吐く奴は蝉だよ。しかしモーこんなことは免除しておかうかい。この山坂になつて、また悄気てへたりよると一行の迷惑だからな』

『ことさら暑き夏の日に、巴留の都を立出でて、岩の根 木の根踏さくみ、心の駒に鞭打ちて、ここまで来るは来たものの、こないな奴と道連に、なるのは俺も秋がきた。大神さまも胴欲だ。困つた駒山彦の奴、珍山峠の頂辺から、駒のごとくに転げ落ちて……』

『コラコラ蚊々虎、縁起の悪いことをいふな。淤縢山津見さまがいらつしやるのを知らぬか』

『おど、、山も何もあつたものかい。俺の困るのは珍山峠だ。ひとつ水でも飲んで元気を出して越えてやらう』

と言ひながら、谷水を掬うて一口飲み、

『ヨー、此奴は妙な味がするぞ。さうして湯のやうに熱いぢやないか。ナンデもこの水上に温泉が湧いてをるに違ひないわ。あんまり急く旅でもなし、ひとつこの谷川を伝うて湯の湧いてゐる所まで探検しようぢやないか』

淤縢山津見は不思議さうに、

『さうか、温いか、妙だナア』

『大変に温かくつて好い味のする水ですよ。旅の疲れを癒すには持つてこいだ。ひとつ行つて見ませうか』

『よからう』

と一同は、谷川を右へ飛び越え、左へ渡り上ること数十町、漸くにして谷幅の広い処に出で来れり。はるか向うに谷間を響かす宣伝歌聞え来る。

蚊々虎『やあ宣伝歌だ。コンナ所に誰が来てゐるのだらう』

駒山彦『馬鹿言へ、誰がコンナ所に来て、気楽さうに人もをらぬのに宣伝歌を歌ふ奴があるものか。きつと天狗だよ』

『何ツ！　天狗だ。そいつは面白い。ひとつ蚊々虎と天狗と力競べでもしてやらうか』

『オイオイ、貴様は何でもかでも向ういきの強い奴だナ。ドンナ危ない処でも一番に飛び出しよつて、しまひには失策るぞ』

『俺が失策つたことが一度だつてあるかい。強敵を前に控へて矛を納め、旗を巻いて予定の退却をするのは丈夫の本懐ではないぞ』

『また法螺を吹きよる。まあまあ油断大敵だ。そーつと様子を考へて行つて、その上のことにせい』

『貴様はいつもそれだから困る。畏縮退嬰主義だ。出る杭は打たれる。触らぬ蜂は刺さぬ、事なかれ主義の腰弱宣伝使。俺は偵察ナンテ、ソンナ気の長いことはしてをれない。これから一歩先へ行つて偵察兼格闘だ。俺が勝つたら呼ぶから出てこい。俺が負けたら黙つてをるわ。お前のやうな弱虫が随いてくると足手纏ひになつて、碌に喧嘩もできはしない』

と言ひながら一目散に歩足を速めて、猿のごとく谷川の岩をポンポンと飛び越えて、姿を隠したり。

三人の宣伝使は、その後を追ひて悠々と登り行く。たちまち前方に当りて、

『オーイ、オーイ』
と呼ぶ蚊々虎の癇高き声が、木霊に響き来る。
駒山彦『ヤア、あれは蚊々虎の声ですな。また何か一人で威張つてるのでせう。面白い奴も
あればあるものですな』
淤縢山津見『彼奴は瓢軽な奴で、比較的豪胆者だから連れて歩いてをるのだが、旅の憂さ晴
しには打つてすげたやうな男だ。アハ、、、、』
五月姫『本当に面白い方ですね。あの方と一緒に宣伝に廻つてをれば、いつも笑ひ通しで春
のやうな心持がしますわ。ホ、、、、』
駒山彦『大変な御執心ですな。お浦山吹さま、駒も堪りませぬヮ』
五月姫は、「ホ、、、」と笑ひながら、袖口に顔を隠す。
またもや、

『オーイ、オーイ』

と言ふ声が響き来りぬ。一行は思はず足を速めて声する方に急ぎける。

（大正一一・二・九　旧一・一三　外山豊二録）

○

世の業にさかしき人は皇神の

真の道に愚なりけり

村肝の心の奥も白真弓

曳きて返らぬ横矢こそ憂き

第三一章　谷間の温泉（三八一）

三人の宣伝使は、声を知辺に崎嶇たる谷道を、流れに沿うて登り来り見れば、湯煙濛々と立ち昇り、天然の温泉が湧きゐる。蚊々虎は一人真裸になりて、倒れゐる男の前に双手を組み、神言を奏上し、鎮魂を施しゐたり。駒山彦はこれを見て、

『ヤア、蚊々虎さま、そら何だ』

蚊々虎は鎮魂ををはり、

『ヤア、何でもない。ここに一人の人間が倒れてゐるのだ。身体を探つて見れば、まだ血の循つてゐるせいか、この湯のせいか知らぬがそこら中温い。どうぞして助けたいものだと、一生懸命鎮魂してるのだが、俺らの力では此奴ばかりはいかぬ。淤縢山津見の宣伝

使に、ひとつ鎮魂をやつて貰ひたいと思つて呼んだのだよ。モシモシ先生、一つこの男に鎮魂を施してくださいな』

淤縢山津見は、

『やつて見ませうかな』

と言ひながら、天の数歌を歌ひをはりて双手を組み、「ウン」と一声、鎮魂の息をかけたり。裸体になりて倒れゐたる男は、ムクムクと起き上り、目を擦りながら、四人の宣伝使が前に在るに気づき、

『ヤア、いづれの方か存じませぬが、一命をお救ひ下さいましてありがたう存じます』

と顔を上ぐる途端に、蚊々虎は、

『ヨー、貴方は秘露の都で御目にかかつた、正鹿山津見の宣伝使ではござらぬか』

『アア貴方は蚊々虎殿か。ヨーヨー、淤縢山津見殿、思はぬ処で御目にかかりました。

これも全く三五教の神様の御引き合せ、ありがたう存じます』

淤縢山津見『貴方はどうして、かかる山奥に御越しになつたのですか。これには何か深き仔細がありませう』

『ハイ、私も秘露の都で、日の出神様や貴方らと袂を分ち、それより巴留の国を宣伝せむと、この珍山峠を越え、鷹取別の城下に宣伝歌を歌つて参りました。ところが俄かに数百の駱駝隊が現はれて、前後左右より取り囲み、槍の切尖にて所かまはず突き刺され、失神したと思へば、沙漠の中に葬られてゐた。私は砂を掻き分けて這ひ上り、夜陰に紛れて巴留の都を逃げ出し、この峠に差しかかる折しも、傷所はますます痛み、最早一歩も進むことが出来なくなり、喉の渇きを谷水に医さむと、細谷川の清水を汲んで見れば、何とも知れぬ芳しき香と味がある。さうしてこの水は谷水に似ず実に温かい。これは薬の水ではあるまいかと、手に掬つて傷所に塗つて見たところが、たちまちその傷は癒えました。されど身体の疲労はどことなく苦しく、それに堪へかね、この谷川を遡ればきつと良い温泉があらう、そこへ行つて身の養生をいたさむと、漸くこの温泉を尋ね当てました。それより日夜この温泉に身を浸し、あまたの槍傷はすつかり癒えましたが、あまり浴湯が過ぎたと見えて逆上し、知覚精神を喪失してこの場に倒れてゐたところ、尊き神の御引き合せ、貴方方に巡り合ひ、命を助けてもらひました。コンナありがたいことはありませぬ』

と両眼に涙を湛へながら、両手を合せて感謝の意を表したり。淤縢山津見は、

『何事も神様の御引き合せ、吾々は神様の綱に操られて、貴方を救ふべく遣はされたものでありませう。吾々は感謝の言葉を受けては、実にもつたいない気がする。天地の大神に早く感謝をして下さい。吾々もともに神言を奏上いたしませう』

と淤縢山津見の言葉に従ひ、一同はこの温泉の周囲に端坐して神言を奏上したりける。

（大正一一・二・九　旧一・一三　土井靖都録）

（第二六章～第三一章、昭和一〇・三・三　於天恩郷透明殿　王仁校正）

○

万国の穏かを祈れ道の人よ
　生れし国の幸はなほさら

天国をこの地の上に来たさむと
　思ふはわが身の願ひなりけり

第三二章　朝の紅顔（三八二）

珍山峠の谷間には、神の仕組か、偶然か、ここに不意くも温泉の側に邂り合ひ、滾々として尽きざる神の恵みの温かき温泉に、日七日夜七夜、心身を浄め、またもや一行五人は神言を奏上し、宣伝歌を歌ひながら、徐々とこの峠を登り行く。漸く一行は珍山の山頂に到達したり。蚊々虎は、

『ア、ア、、苦中楽あり、楽中苦あり、苦楽不二、善悪一如とはよく言うたものだ。汗をタラタラ流して苦しみてをれば、結構な温泉がチヤンと吾々に湯を湧かして「サア皆さま、永々御苦労であつた。さぞさぞお疲労でせう」とも何とも言はずに、不言実行の手本を見せてをる。またまたこの坂を汗みどろになつて登つてくれば、コンナ結構な平坦な土地が

あつて、涼しい風が吹いてくるワイ。極楽の余り風だ。本当に苦しまぬと、楽の味は判らぬワイ』

駒山彦も、

『本当に結構だつた。睾丸の皺伸ばしだつたよ。貴様の面もよほど皺が取れたよ』

蚊々虎は、

『馬鹿を言ふない、俺はもとから皺ナンテありやしないよ。貴様はいつも弱虫だから、ちよつとしたことにでも顔を顰めよるから、自然に皺だらけだ。オイ勘定をして見よ、たくさんな皺だぞ。四八三十二も寄つてるわ』

『よく喋る奴だなあ、口が千年ほど先に生れたのだらう』

『山に千年、海に千年、口に千年といふ劫を経た兄さまだよ』

『蟒みたいな奴だな。三千年経つて、初めて人間に生れるといふのだが、貴様はいつ人間になるのだい』

『人間どころか、俺は神さまだよ』

『さうだらう。蚊だとか蚤だとか、虎だとか、虫のやうな、四本足のやうな名をつけよつて、それで神様か。人の頭に止まつて、頭をカミ様。人間を引き裂いて食ふ神様だらう』

『ヤイ、駒、貴様なかなか口が達者になりよつたな。いつのまにか俺のお株を奪りよつて』

『決つたことだ、名からして駒さまだ。駒のごとくに言霊がよく転ぶのだよ』

正鹿山津見は、立つて東南方を指さし、

『淤縢山津見様、ズツと向うに青々とした高山が見えませう、あの国が珍の国ですよ。私は日の出神様に、「珍の国を守れよ」との厳命を受けました。しかしながら、まだ外に尊い国があるやうに思へて、どうしても気が落ちつかず、この峠をドンドンと登つて、夜を日に次いで巴留の都へ宣伝に行つたのです。さうしたところが、今度は神様の戒めだと見えて、散々な目に逢ひ、お蔭で生命だけは助かりました。これを思へば、吾々は我を出すことは出来ませぬ。ただ長上の命令に従つて、神妙にお勤めするに限ると、ほとほと改心いたしました』

蚊々虎『アンナ細長い珍の国に、ウヅウヅしてゐるのも気が利かないと思つたのでせう。まだ外に結構な国が亜拉然丁と思つて、欲の熊鷹、股が裂けたといふやうなものですな、正鹿山津見さま』

淤縢山津見は、

『コラコラ蚊々虎、貴様は直にそれだから困る。何故それほど言霊が汚いのか』

『これは怪しからぬ。貴方は私の発言権を妨害するのですか』

『いや、さうではない。あまりお喋りが過ぎると声がくたびれて、まさかの時に言霊の力が弱ると困るから気をつけたのだよ。それよりも峠に上つた祝ひに、気楽な世間話でもして、ゆつくりと休まうかい』

『ドンナ話でもよろしいか、貴方は発言権を決して止めませぬな』

『よろしい よろしい、何なと仰しやれ。貴方の好きな話を、静かに面白く願ひます』

『静かに面白く話ができますか。貴方は無理を言ひますね。丁度、黙つてもの言へ、寝て走れ、睾玉くはへて背伸びせよ、と言ふやうな御注文ですな。いかに雄弁家の蚊々虎でも、そればかりは御免だ』

『さう気を廻して怒つては困る。何でもいい、ちよつとくらゐ大きな声でも構はぬ』

蚊々虎は、芝生の上に大胡坐をかき、

『エ、、人間もいい加減に片付く時には片付くものだ。あるところに祝姫といふ古今独歩、珍無類、奇妙奇天烈、何ともかんとも言ふに言はれぬ、素敵滅法界の美人があつた。そのお姫さまを、彼方からも此方からも、女房にくれ、夫にならうと矢の催促であつたが、祝姫は、自分の容色に自惚れて、私は天下絶世の美人だ、アンナ人の嫁になるのは嫌だ、アンナ男を婿に取るのは、提灯に釣鐘だ、孔雀の嫁に烏の婿だ、あまりこの美人を見損ひするな。私もこれから、天下の宣伝使になつて一つ功を建てて、偉い者になつた暁は、世界中の立派な男の、権威のある婿を選り取りすると言つて、どれもこれも、こぐちから肱鉄砲を乱射してゐた。さうする間に、桜の花はいつまでも梢に止まらず、

　花の色はうつりにけりな徒らにわが身世にふるながめせしまに

とどこやらの三五教とか、穴ない姫とかが言つたやうに、だんだんと顔に小皺が寄つて、昔の色香は日に月に褪せてしまつた。それでも、どこやらに残る姥桜のその色は、実に素敵滅法界のものだつた。祝姫は、何これでも偉者となりさへすれば、世の中は一ホド、二キリヨウ、三カネだと言つて、高く止まつてをつたが、到頭天罰が当つて、私によう

似た名の付いた、蚊取別といふ天下一品の禿ちやまの瓢箪面の、ヘツピリ腰の禿だらけの男と夫婦になつて、宣伝使になつた実際の話があるよ。五月姫さまも、いい加減に覚悟をせぬと、朝の紅顔、夕べの白骨で、見返る者はないやうになつて、清少納言のやうに門に立つて、妾の老骨を買はぬかと言つたつて、買手がなくなつて了ひますよ』

駒山彦は吹き出し、

『アハ、、、、うまいなう、イヤ感心だ。しかし蚊々虎、心配するな。この間も貴様が天狗と喧嘩すると言つて駆け出した後で、五月姫さまが、「蚊々虎さまは本当に色こそ黒いが、快活な人ですね。妾あの人と一緒に宣伝に行くのなら、ちよつとも苦しいことはありませぬわ。面白くて旅の疲労も忘れてしまふ」と言つていらつしやつたよ、ねえ五月姫さま、さうでしたね』

と顔を覗き込む。五月姫は、顔に袖をあてて愧かしげに俯く。

蚊々虎『ヘン、天下の色男、俺の吸引力は豪いものだらう』
正鹿山津見『あゝ蚊々虎さまの弁舌といひ、勇気といひ、さうなくては天下の宣伝使にはなれませぬ。吾々のやうに、巴留の都へ行つて、宣伝歌を歌つてゐると、後に目がないから、駱駝隊にグサリと突かれて、芋刺となり、沙漠の中へほり込まれるやうなことでは、宣伝使も何もあつたものではない。これからひとつ、蚊々虎さまに倣つて、胆玉でも練りませうかい』
駒山彦『おい蚊々公、おめでたう』
蚊々虎『エー妬くない』
『妬くないと言つたつて、天道様も焦つくほど俺らの頭を焼くではないか。焼くのはこのごろの陽気だよ。あまり暑いので、貴様はちよつと逆上せ上つたな。水でもあれば頭からブッかけてやるのだが、生憎山の頂辺で水もなし、幸福な奴だワイ』

『サアサア皆さま汗も大分乾きました。これからぼつぼつ峠を下りませう』
と言ひつつ先に立つて、淤縢山津見は歩き出した。
『あゝあゝ、肝腎の正念場に気の利かぬことだワイ』
と蚊々虎は小声に呟き、振り返り振り返り、五月姫の顔を窃み目に眺めつつ坂を下る。

（大正一一・二・九　旧一・一三　東尾吉雄録）

○

御神示は一切万事実現し
世人の驚く時来るべし

第三三章　天上眉毛（三八三）

炎熱焼くが如き夏の空　花の都と謳はれし
巴留の都を後にして　淤縢山津見の一行は
漸うここに辿り着き　桃上彦を相添へて
天津御神の珍の御子　世の民草を救はむと
声も涼しき宣伝歌　足を揃へて珍山の
　峠を下る雄々しさよ。

日は漸く西に傾き、山と山との谷道には大なる影映し来る。駒山彦は、
『ヤア、大分に涼しくなつて来たねー。なけねばならず、あつては困るものは太陽の光熱

だ。かうして山陰に日が隠れると、夜のやうに涼しくなつて来た。かういふ涼味は旅行をして見ねば味はふことは出来ぬものだナア』

蚊々虎は口を尖らせ、

『貴様何を言ふか、罰当り奴が。なけねばならぬものの、あつては困るとは、そら何だ、宣り直せ宣り直せ。なけねばならぬもので、なくては困る日天様、暑い光熱を頭の上から照らして下さつたのは、神様の厚い御恵みだ。さうして涼しき蔭を吾らに投げ与へ、澄み切つた風を吹かして下さるのは、神様の吾々を保護したまふ清き涼しき御恵みの御蔭だと宣り直さぬか』

『やあ、こいつは一つ失策つた。御天道様、いま蚊々虎の言つた通りに駒山彦は宣り直します』

『ソラ見たか』

『空見たつて日天様は、山に御隠れになつてゐるぢやないか』

『空惚けるない』

淤縢山津見は、

『ヤアヤア、また始まつたか、面白いねー』

五月姫は俯いて、

『ホ、、、、』

と微かに笑ふ。蚊々虎は、

『五月の空の五月姫、床しい声で花の唇を開いて、ホ、、、、杜鵑、声も聞えりや姿も見える。見れば見るほど気高い姿の花菖蒲、黒白も分かぬ暗の夜に、綾に尊き五月姫の御道連れ。世の中はどうしても女に限るねー。男ばつかり歩いてをると、いつとなしにゴツゴツとして角張つて、どうもうまく車の運転がつかぬやうだ』

駒山彦『蚊々虎、貴様はくの字形の腰付きで、女がなければ角が立つの、ゴツゴツするのとようも言へたものぢや。貴様らに、何ぼ五月姫だつて暑苦しい、誰が秋波を送るものかい。好い気になりよつて、煽て揚げられて、天下の色男は俺だいといふやうな、その鼻息は何だい』

『大分駒の息も荒くなつたが、弱い奴だな。苦しいのか、それほど苦しければ丁度そこに都合の好い岩がある。そこで一服やつたらどうだ。足の弱い、腰の弱い宣伝使を連れて歩くと、足手纏ひになつて困る。まあ貴様一服でもするが好いわ。モシモシ淤縢山さま、正鹿山さま、貴方達も何なら一服なさつたらどうですか。五月姫さま、貴方は女にも似合はぬ御脚は達者だ。脚の達者なもの同士一足御先へ失敬しませうか』

『ヤア、うまいことを言ひよる。貴様の腹は読めたぞ。五月さま、貴方も休みなさい。蚊々虎一人先に行つて、道に踏ん迷つて谷底へ落ちて寂滅為楽だ。先へ行け、骨くらゐは駒山彦が道連れの好意で拾つてやるワイ』

『ヤア、邪魔くさい、縁起でもないこと言ひよるから、俺もひとつ達者な足を辛抱して休ましてやろかい』

『到頭本音を吹きよつた。アハ、、、』

一行は、平面な岩の上に足を伸ばしてしばらく休息する。太陽は全く地平線下に没せしと見えて、四辺は追々と暗くなり来る。正鹿山津見は不安な顔にて、

『まだこれから珍の都へはよほどの道程があります。この先にモー一つ大きな山を越さねばなりませぬが、何分荊棘の茂つた猪より通つたことのない、そして嶮しい山道ですから、ゆつくりとここで夜を明かしませうか。この先の山は天雲山といつて、この珍山峠よりもよほど高いですよ。そしてこのごろは大変な大蛇や毒蛇が道に横たはつてゐますから、夜の旅は危険ですからな。この峠を大蛇峠といふくらゐですから』

『何ッ！、大蛇峠ですか、大蛇が出ると、そいつは面白い。日ごろの腕試し度胸試しだ。それを聞けば蚊々虎の腕はりゆうりゆうと鳴つてくる。ヤア、面白い、矢も楯も堪らぬやうになつて来たワ。オイ、一同の宣伝使、一つ大蛇に向つて宣伝歌でも聞かしてやらうぢやないか。宣伝歌の徳によつて大蛇は神格化して、大変な美人になるよ』

駒山彦は呆れて、

『また美人のことを言ひよる。貴様一人行くが好いワ』

『驚いたか、肝を潰したか、おつ魂消たか、何だいその顔色は。青大将のやうに真蒼になりよつて、阿呆大将奴が』

『コラコラ、蚊々虎、阿呆大将といふことがあるか、駒山の前で宣り直せ』

『宣り直すとも、今まで駱駝に乗つてゐたが、今度は大蛇の背に乗り直しだ』

『豪い法螺を吹くね。実物を拝見したら反対に蚊々虎の方から、尾を巻いて遁げるだらう』

正鹿山津見は静かに、

『闇夜のことといひ、峻山絶壁といひ、夜道に日は暮れませぬ。まあ、ゆつくりといたしませう』

淤縢山津見は、その尾について、

『また新しい日輪様を拝むまで、ここで祝詞を奏上て御日待ちを致しませうか』

一同『よろしからう』

と巌上に端坐し、天津祝詞を奏上し、宣伝歌を一通り歌つて、岩の褥に腕枕、星の紋のついた青い蒲団を被つて、華胥の国に遊楽の身となりぬ。半円の月は東天をかすめて昇り来る。五人の姿は手に取るごとく明らかに見え出し来りぬ。

蚊々虎は目を醒し、

『ヤア、どれもこれも、よく臥せりをつたものだナア。人間も罪のないものだワイ。何奴の顔が一番罪のない顔をしてゐるか、いちいち点検をしてやらうかい。まづ第一に淤縢山津見の首実検に及ぶとしようか。ヤア、此奴は昔から悪い奴だと思つたが、ホンにちよつと悪さうな顔をしてをるワイ。この口許がちよつと憎らしい。大きな口を開けよつて、涎を出してをるところの態といつたら、見られたものぢやないワイ。幸ひ峠を下る時にい、むしつてきた桑の実がある。こいつでひとつ顔を彩つてやらうかナア』

と独語を言ひながら、口の辺り目の周囲に紫の汁を塗りつけたり。月影にすかして見て、

『ヤア、面白い面白い、明日の朝になつたら随分吃驚することだらう。此奴は「地獄行き」と書いておいてやれ』

と頬辺に印を入れる。

『ヤア、正鹿山津見の顔か。此奴は割とは悪人に似合はぬ好い顔だな。彩るとかへつて似合はぬかも知れないが、片怨みがあるといかぬから、何なと書いてやらうか』

と鼻を紫に塗つてしまふ。

『サア、これからやかましやの駒公だ。此奴の額に何と書いてやらうかナ。分つた「五月姫欲しさに、よう妬く男」と、ハ、、、、これで好い。サアこれから五月姫の番だ、花の顔月の眉、どこにも欠点がないワイ。それでも御付合ひに何とかせなくてはなるまい。オーさうだ、角隠しの天上眉毛だ』

と、チヨボチヨボと額に円を描きぬ。

『やあ、こいつは素敵だ。ますます別嬪になつた。どこともなしに愛嬌がいや増して威厳が加はつた。ヤア、これで済みか。俺だけ無疵でをつては面白くないから、俺もひとつやつてやらうかな、ウンさうだ。「世界一の色男」と書いておいてやろかい。ハ、、、、面白い面白い、ドツコイ面黒い面黒い、五百羅漢の陳列場みたやうになつてしまつた。ワハ、、、』

33　天上眉毛

駒山彦は目を醒まして、

『誰だ、安眠の妨害する奴は。人間はな、刹那心だよ。寝る時にはグッと寝て、働く時には働くのだぞ。気が違つたやうに五月姫と婚礼でもしてゐるやうな夢でも見をつたのか。何だい、夜中に笑ひよつて早く寝ぬか』

『ハイハイ、寝ます寝ます、お前等も頭を上げぬと寝るがよいワイ。ヤア、早く寝てしまつたな。まるで鱶の化物見たやうな奴だ。ワハヽヽヽ、誰も彼も罪のないやうな、あるやうな顔してよく寝てるワイ。この蚊々虎も付合ひだ。狸の空寝入りでもやらかさうかナア』

とゴロッと肱を枕に横たはりける。

　真心や巌面寝暖桑の夢（弓）

（大正一一・二・一〇　旧一・一四　外山豊二録）

第三四章　烏天狗（三八四）

月は中空に輝き、星稀なる大御空、雲を散らして吹く松風の音に、五月姫は目を醒し、淤縢山津見の顔に目を注ぎ、

『これはこれは淤縢山津見さまも、ああして歩いてをれば、立派な男らしい神さまのやうな御顔だが、一切万事を忘れ、御寝みになつた時の御顔は悪相に見える。これもやつぱり心の色かいなー。正鹿山津見様のこの御鼻は何としてこれほど赤いのだらう。鼻筋の通つた、綺麗な男前だと思うたに、このまた鼻は何事ぞ、はなはだ醜い御顔立。ヤアヤア蚊々虎さまの御顔にも妙な色があらはれてをる。蚊々虎さま、「世界一の色男」と書いてある。ホ、、、、罪のなささうな御顔。本当にこの御顔は神様のやうだわ。ヤー嫌な

こと、「五月姫に惚れて、よう妬く男」ア、嫌なこと、駒山さまたら何と妙な御顔になられたでせう。ホ、、、、』
蚊々虎は五月姫の声を聞きながら、をかしさを耐へて歯を食ひ締り、「クークー」と口の中で笑うてをる。
駒山彦は五月姫の声にムックと起き上り、五月姫の襟髪をグッと握つて、
『コラ素平太、何を吐かしよるのだい。淤縢山津見の顔は悪相だの、正鹿山津見の顔が赤いの、好きだの嫌ひのとほざきよつて、おまけに「世界一の色男だ」なんて、俺が知らずと寝てをるにあんまりだ。駒山彦は「五月姫に惚れて、よう妬く男」なんて馬鹿にするな、女旱のない世の中だ。世界に男の数は四分、女の数が六分、何だそのシヤツ面は。貴様のやうな女は、この高砂洲には、笊で量るほどごろついていてをるのだ。ヘン天上眉毛を付けよつて、馬鹿にするない。人が知らぬと寝てゐるかと思うて、蚊々虎の顔を穴

の明くほど覗きよつて、世界一の色男だと、何をほざきよるのだ。惚れた貴様の目からはあばたも靨、鼻の取れたのも、腰の曲つたのも、優らしう見えるだらう。月は皎々として天空高く輝きわたれども、お前の胸は恋の暗だ。味噌も糞も一緒くたにしよつて、誰がお前のやうな端女に惚れるの妬くのとあんまり馬鹿にするない』

蚊々虎『ク、、、、、ウハ、、、、、面白い面白い。おつとどつこい、ク、、桑の実で顔を彩られ、面赤いワイ。ウハ、、、』

この笑ひ声に、淤縢山津見、正鹿山津見の二人は、ムツクと起き上り、

『あゝよく寝入つてゐたのにあた喧しい、せつかくの面白い夢を破られてしまうた。貴様らは困つた奴ぢやなー。夜明けに間もあるまい。モーひと寝入りせなくちやならないから、お前達も黙つて寝たらよからう』

駒山彦『ヤー淤縢山津見さま、貴方の顔はソラなんだ。正鹿山津見さま、その鼻はどうした。

チト変だぜ』

淤縢山津見『変でも何でもよい。やつぱり顔は顔ぢや』

正鹿山津見『鼻は鼻だよ。ア、喧しい奴だ』

蚊々虎『ウハ、、、』

五月姫『ホ、、、』

駒山彦『馬鹿々々しい、笑ひどころか、人の顔の棚卸しをしよつて、素平太の癖になア』

淤縢山津見『コレコレ駒山彦、三五教だ。宣り直さぬかい』

駒山彦『ハイハイ』

　さうかうする間に月の色は漸く褪せて、そこら一面ホンノリと明くなり来りぬ。諸鳥は言ひ合したるやうに、木々の梢に囀りはじめたり。数十羽の烏は、五人が安臥せる上空をアホウアホウと鳴きわたる。

蚊々虎『オイ、阿呆ども、起きぬかい。烏までアホウアホウと言うてるよ。お天道さまに、いい面曝しだ。お前たちの顔はなんだい』
一同はムツクと起き上り互ひに顔を見合せ、
一同『ヤーヤー、ヨーヨー、誰だい、コンナ悪戯をしよつたのは』
駒山彦『蚊々虎だ、決まつてるわ』
『お前たちの面を熟々考ふるに、これはやつぱり烏の仕業だなア。烏が最前も大きな声でカアカア、カアカア蚊々虎かも知れぬと鳴いてゐたよ。察するところ、要するに即ち、天狗の悪戯だよ。天狗といふ奴はなア、黒い顔しよつて腰の曲つてる癖に、悪戯をする奴だ』
駒山彦は吹き出し、
『到頭白状しやがつたなア。ヤー貴様の顔には「世界一の色男」だて、馬鹿にしよるわ。

俺もなんだか顔が欝陶しい、顔の皮が、引つ張るやうだ。正鹿山津見さま、ちよつと私の顔を見て下さいナ』

、、とニウと突き出す。

『ヨー書いたりな書いたりな。しかも赤字で、五月姫に惚れて、よう妬く男ハ、、、、』

『ヤーそれで読めた。五月姫さま、済まなかつた、宣り直しますよ。貴方私の顔の字を見たのだなア。私はまたお前さまが私の悪口をいうたのだと思うてちよつと愛想に怒つてみた。心の底から決して決して怒つてはゐないよ。了簡して下さい』

蚊々虎『涙弱い奴ぢやなア、直に女とみたら目を細くしよつて、結構な男の頭をピヨコピヨコ下る腰抜男奴、ハ、、、、』

五月姫『皆さまのお顔に何だか赤いものが付いてゐますよ。私の顔にも何か付いてゐやしませぬか』

一同は手を打ちて、

『ヨー秀逸だ、天上眉毛だ。それで幾層倍神格が上つたかも知れやしないワ』

五月姫は「ホ、、、、」と笑ひながら袖にて顔を隠す。淤縢山津見は襟を正し、容を改め儼然として、

『コラコラ蚊々虎、悪戯をするにも程があるぞよ。何だ、吾々一同の顔を知らぬ間に彩りよつて、吾々の顔は草紙でないぞ、ノートブックとは違ふぞ』

蚊々虎『私もチョボチョボだ。誰か腰の曲つた烏天狗でもやつて来て、悪戯をしたのでせう。

この世を造りし神直日　心も広き大直日
ただ何事も人の世は　直日に見直せ聞き直せ
身の過ちは宣り直せ』

駒山彦『勝手な奴ぢやなア、都合が悪いと直に宣伝歌を歌ひよる。ホントに困つた男だ』

『実際の悪戯者はよう判明つてゐる。いま此方さまが指の先でこの人だとハッキリ指さしてやるから、此方さまの指の先の落ちて行く先を見てをるがよいワイ。今のいまの悪戯小僧はどこから来たか、東から来たか、西から来たか、南から来たか、、きたかきたか矢張り北ぢや。乾の隅の腰の屈んだ烏天狗のやうな、世界で一の色男、蚊々虎さまが皆書いた、この鼻さまぢや』

と、自分の鼻を押へて見せる。駒山彦も、

『俺も一つ書いてやろ、蚊々虎そこに寝ぬか』

『後は明晩にゆつくりと伺ひませう』

『何故そんな悪戯をするのか』

蚊々虎は腕を捲り肩を怒らしながら、

『これには深い仔細がある。これから先の大蛇峠を越える時に、胴の周囲が嘘八百八十八丈、身体の長は八百八十八万里、でかい大蛇に出会すのだ。それで淤縢山津見は怖い顔して見せる、正鹿山津見は赤い鼻をニューと突き出して、大蛇を笑はせ転ばすためだ。蚊々虎は天下一の色男はコンナものぢやと大蛇の奴に見惚れさすのぢや。駒山彦はデレ助といふものはアンナシヤツ面かと、大蛇に穴の明くほど見詰めさすのだ。さうして天女のやうな五月姫を、何とまあ別嬪もあるものぢやと見詰めさすのぢや。つまり魅を入れさすのぢや。大蛇に魅を入れられたら五月姫さまは助かりつこはないワ』

駒山彦『ア、顔を洗ふというたつて、水も何もありやしない。御一同このまま水のある所まで行きませうか』

一同『仕方がないなア、サア参りませう』

と草鞋脚絆に身を固め、さしもに嶮しき大蛇峠に向つて足を運びける。

34　烏天狗

（大正一一・二・一〇　旧一・一四　森良仁録）

○

飢病戦は小なる三災起るを謂ひ
風水火をば大三災と称ふる
飢病戦今や世界に実現し
風水火の災起り初めたり
人心の改心なくば神明は
大三災を起し給はむ

第三五章　一二三世（三八五）

樹々に囀る百鳥の声、眠気なる油蝉の声に送られて、夏の炎天を喘ぎ喘ぎ嶮しき坂を登り行く。汗は滝のごとくに流れ、彩られた顔はメチヤメチヤになつて、赤い汗さへ流るる無様さ。一行は汗を拭ひ拭ひ、漸くに山頂に達したり。山頂には格好の岩が程よく散布されてありぬ。宣伝使一行は、各自に岩に腰打ちかけ息を休めたり。

蚊々虎『ままになるならこの涼風を、母の土産にしてみたい』

駒山彦『オイ、蚊々虎、殊勝らしいことを言ふね。「ままになるならこの涼風を母の土産にしてみたい」随分孝行者だなア。それほど親孝行の貴様が放蕩ばかりやりよつて、両親に心配をかけ、子がなうて泣く親はないが、子のために泣く親はたくさんあるとか言つてな、ソンナ優しい心があるのなら、なぜ親を放ったらかして其辺中を迂路つき廻るのだ。口と心と行ひと一致せぬのは、神様に対してお気障りだぞ』

『人間の性は善だ。誰だつて親を思はぬ子があらうか。浮世の波に漂はされて止むを得ず、親子は四方に泣き別れといふ悲惨の幕が下りたのだよ。親子は一世、夫婦は二世、主従は三世といふさうなからなう』

駒山彦は、

『ヘン、うまいことを言ひやがらア。親はどうでもよいのか、夫婦は二世なんて、死んでまで添はうと思ひよつて二世も三世も夫婦だと思つてをるから情ない。いかに五月姫ぢやとてお前のやうな腰曲りに、誰が心中立をするものかい』

蚊々虎『故郷の空うち眺め思ふかな、国に残せし親はいかにと』

駒山彦『オヤオヤまた出たぞ。何だ貴様、今日に限つて殊勝らしいことを列べ立てよつて、ひとかど詩人気取りになつて「ア、、蚊々虎さまはああ見えても心の底は優しいお方だ。たとへ腰は曲つてもお顔は黒うても、男前はヒヨツトコでも、チツとくらゐ狼狽者でも、心の底のドン底には、両親を思ふ優しい美しい心の玉が光つてゐる。アンナ人と夫婦になつたらさぞやさぞ、円満なホームが作れるであらう。おなじ夫を持つなら、あのやうな優しい男と夫婦になつて見たい」などと五月姫さまに思はさうと思ひよつて、貴様よつぽど抜目のない奴だワイ。アハ、、、』

淤縢山津見『ヤア感心だ、人間はさうなくてはならぬ。山よりも高く、海よりも深い父母の恩を忘れる奴は人間でない。お前もまだまだ腐つてはをらぬ、頼もしい男だよ』

駒山彦『オイ鼻を高うすな、貴様は直に調子にのる男だからあまり乗せられるとヒツクリ返されるぞ。天教の山ほど登らせておいてスツトコトントン、スツトコトンと落される口だぞ。貴様、親よりも女房が大切だらう。親子は一世、夫婦は二世などと言ひよつて、これほど大切な親よりも「五月姫殿、お前が女房になつたらモツトモツト大切にするぞ」と遠廻しにかけよつて、うまい謎をかけよるのだ。本当に巧妙なものだね』
蚊々虎はしたり顔にて、
『オイ、駒、貴様わけのわからぬ奴だナ。俺がいま宣伝してやるから尊い御説教を謹聴しろよ。親子一世といふことは、何ほど貴様のやうな極道息子の親泣かせでも、親が愛想をつかして、モウこれつきり親の門口は跨げることはならぬ。七生までの勘当だと言つたところで、やつぱり親子は親子だ。お前が俺に勘当するなら勘当するでよい、また外に親を持ちますと言つたところで、生んでくれた親はやつぱり一つだ。親子は一世といふことは、泣いても笑つても、立つても転んでも一度よりないのだ。それだから親子は一世といふのだ。断つても断れぬ親子の縁だよ。貴様の考へは大方生きてる間は親子だが、死んでしまへば親でもない子でもない、赤の他人だといふ論法だらう。ソンナ訳の分らぬことで宣伝使が勤まるか』

駒山彦『よう何でも理屈を捏ねる奴だな、夫婦は二世とは何のことだい。親よりも結構だ、死んでからでもまた互ひに手に手をとつて三途の川を渡り、蓮の台に一蓮托生、百味飲食と夫婦睦じう暮さうといふ虫のいい考へだらう。さう甘くは問屋が卸すまい。貴様極楽に行つて、蓮の台に小さくなつて夫婦抱き合つて、チヨコナンと泥池の中で坐つてみい。どうせ碌なことはしてをらぬ奴だから、「貴様が金城鉄壁だ、お前と俺とのその仲は、千年万年はまだ愚か、五十六億七千万年の後のミロクの世までも、お前と俺とかうしてをれば、これが真実の極楽だ。ナア五月姫さま、現界にをつた時は駒山彦の意地悪に随分冷かされたものだが、かうなつちやア、もう占めたものだ」などと得意になつてゐると、娑婆に残つてゐる貴様の旧悪を知つた奴が、噂の一つもせぬものでもない。噂をするたびに嚔が出て、その途端に蓮の細い茎がぐらついて、二人はともに泥池の中へバッサリ、ブルブルブル土左衛門になつてしまふのだよ。いつたん死んだ奴の、もう一遍死んだ奴の行く処はどこにもありはせない。さうするとまた娑婆へ生れよつて、ヒュー、ドロドロ怨めしやーと、両手を腰の辺りに下向けにさげて出て来るのが先づ落だな。夫婦は二世だなどと、ソンナ当のないことは、まあ言はぬがよからう』

蚊々虎『エーイ、喧しい、俺のお株を取つてしまひよつて、ようベラベラと燕の親方のやうに喋る奴だナ。この蚊々虎さまの説教を謹んで聴聞いたせ。夫婦は二世といふことは、貴様の考へてるやうな意味でない。夫婦といふものは陰と陽だ。「鳴り鳴りてなり余れる処一処あり、鳴り鳴りてなり合はざる処一処あり、汝が身の成り余れる処を、吾が身の成り合はざる処に、さしふたぎて御子生むはいかに」と宣り給へば、「しかよけむ」と応答し給ひき、といふことを知つてるかい。夫婦といふものは世の初めだ。誰の家庭にも夫婦がなければ、円満なホームは作れないのだ。さうして子を生むのだよ。その子がまた親を生むのだ』
『オット待て待て、脱線するな。親から子が生れると言ふことはあるが、子が親を生むと言うことがどこにあるかい』
『貴様、分らぬ奴だな。男と女と家庭を作つたのはそれは夫婦だ。そこへ夫婦の息が合つて「オギヤ」と生れたのだ。生れたのがすなはち子だ。子ができたから親といふ名がついたのだ。子のない夫婦は親でも、何でもありやしない。このくらゐの道理が分らないで宣伝使になれるかい。さうして不幸にして夫が死ぬとか、女房が夭折するとかやつて見よ。子が出来てからならまだしもだが、子がない間に女房に先だたれてしまへば、天地創造の神業の御子生みができぬではないか。人間は男女の息を合して、天の星の数ほどこの地の上に人を生み足らはして、神様の御用を助けるのだ。そこで寡夫となつたり寡婦となつたり、その神業が勤まらぬから、第二世の夫なり妻を娶るのだ。これを二世の妻といふのだい。貴様のやうにこの世で十分イチャついて、また幽世に行ってからもイチャつかうといふやうな狡猾い考へとはチト違ふぞ。さうして二世の妻が、またもや不幸にして中途で子が出来ずに先に死んでしまったら、夫はもう天命だと諦めるのだ。三回も妻を持つといふことは、神界の天則に違反するものだ。それで已むを得ざれば、二人目の妻まては是非なし、と言って神様が御許し下さるのだ。それを夫婦は二世といふのだよ。あゝあ、一人の宣伝使を拵へようと思へば骨の折れることだ、肩も腕もメキメキするワイ』

淤縢山津見は感じ入り、

『ヤア、蚊々虎は偉いことを言ふね。吾々も今まで取違ひをしてゐた。さう聞けばさうだ。正鹿山津見さま、いかにもさうですね。何でもないことで気のつかないことが、世の中にはたくさんありますなあ。三人寄れば文殊の智慧とやら、イヤもう良いことを聞かして貰ひました。南無蚊々虎大明神』

駒山彦『親子は一世、夫婦は二世、そいつは貴様の、オイ蚊々虎先生の懇篤なる、綿密なる、明細なる、詳細なる、正直なる……』

蚊々虎『馬鹿、人をヒヨットくるか、蚊々虎大明神だぞ』

『ヒヨツトコ　ヒヨツトコ来る奴もあれば、走つて来る奴もあるワイ』

『困つた奴だなア、主従三世だ。今日から貴様は蚊々虎の家来でないぞ』

『家来でないもあつたものかい、誰が貴様の家来になつたのだ。ソンナ法螺を吹かずに、主従は三世の因縁を聞かして下さらぬかい』

蚊々虎『下さらぬかなら、言うてやらう。人に物を教へてもらふ時にはやつぱり謙遜るものだ。から、、、からだに徳をつけてもらふのだからな。オホン、主従三世といふことは、例へて言へばこの蚊々虎さまは、もとはここにござる淤縢山津見様が、醜国別というて悪い事ばかりやつてをる時に、俺が家来であつた。しかしコンナ主人に仕へてをつては行末恐ろしいと思つたものだから、どうかして暇をくれてやらうと思うたのだ。さうしたところがネッカラ良い主人が見つからぬのだ。探してゐる矢先に、日の出神といふ立派な宣伝使が現はれたのだ。それで此方さまは、第二世の御主人日の出神にお仕へ申してをるのだ。さうして淤縢山さまは、蚊々虎々々々と言つて家来扱ひをされても、俺の心は五文と五文だ。その代りいつたん主人ときめた日の出神の前に行つたくらゐなら、ドンナものだい。臣節を良く守り、万一日の出神様が俺の見当違ひで悪神であつたと気がついた時は、その時こそ弊履を捨つるが如くに主人に暇をやるのだ。さうしてまた適当な主人を探して、それに仕へるのだ。それを三世の主従と言ふのだよ。三代目の主人は醜国別よりも、もつともつと悪い奴でも、もう代へることは出来ない。そこになつたら、ア、惟神だ、因縁だと度胸を据ゑて、一代 主人と仰ぐのだ。三回まで主人を代へ、師匠を代へるのは、やむを得ない場合は神様は許して下さるが、それ以上は所謂天則違反だ。主従四世といふことはならぬから「主従は三度まで代へてもやむを得ず」といふ神様が限度をお定めになつてをるのだよ。どうだ、駒、俺が噛んでくくめるやうな御説教が、腸にしみこみたか、シュジュと音がして浸み込むだらう。賛成したか、それで主従三世だよ』

一同は声を揃へて、

『アハヽヽヽ、オホヽヽヽ』

（大正一一・二・一〇　旧一・一四　北村隆光録）

○

御神示に毛筋の横巾違はぬと
神の実在証し給ひぬ

第三六章　大蛇の背（三八六）

一同の宣伝使は、蚊々虎の面白き講釈にあるいは感じあるいは笑ひ、その雄弁を口々に褒めちぎりゐたる折しも、どこともなく青臭き風がゾーゾーと音を立てて吹き来りけり。

駒山彦は驚きながら、

『ヤア出よつたぞ。あの声は大蛇の音だらう。吾々はひとつ覚悟をせなくてはならぬ。腹帯でも締めて行かうかい』

蚊々虎は、

『正鹿山津見さまが、この山には大変な大蛇がをるなどと、吾々の胆を試して見ようと思つて、嘘言ばかり言つたのだな。長いものといつたらここまで来るのに、蚯蚓一匹居やせなかつたぢやないか。マア、ひとつこの涼しい風を十二分に受けて、大蛇の来るやうに歌でも歌つて踊らうかい。大蛇山には蛇がをるぢやげな、大きな、大きな蛇ぢやげな、嘘言ぢやげな』

正鹿山津見『蚊々虎さま、吾々はいやしくも天下の宣伝使、決して嘘言は申しませぬ。大蛇はかういふ木の茂つた処にはをりませぬ。この峠を少しく下ると、山一面に茫々たる草ばかりです。その草の生えた所にかかると、大きな奴が彼方にも此方にも、たくさんに前後左右に往来してゐます。大蛇の王にでも出会さうものなら大変ですよ。マア道中安全のために神言を奏上しませう』

『それじやい、蚊々虎のじやい、推でしたか』

駒山彦『コラまた洒落てゐるナ、大蛇の峠を通行しながら、ソンナ気楽なことを言つてをるものがあるか。いかに口の達者な蚊々虎さまでも、実物に出会したら、旗を捲いて退却するに決つてをるワ』

蚊々虎はわざと悄気たやうな顔をして、

『さうかなア、この方さまはどんな敵でも恐れぬが、大蛇だけはまだ経験がないから、ちつとおろちいやうな気がする。駒公、貴様今度は先に行け、この方は五人の中央だ』

駒山彦『ざま見やがれ、弱虫奴が』

と争ひつつ大蛇峠をどんどん東に向つて下る。駒山彦はどこともなくびくびく胸を躍らせながら、わざと空元気を出し、宣伝歌を歌ひて、大蛇峠を下つて行く。その声はどこともなく慄うてをる。蚊々虎は、

『オイ、お先達、その声はどうだい、慄つてるぢやないか。半泣声を出しよつて、ソンナ声を聞くと、大蛇先生、女だと思つて飛びつくぞよ』

駒山彦は首をスクメながら、

『ヤア、出た出た、ド豪い奴だ。アンナ奴がこの山道に横たはつてゐては、通ることは出来はしない』

と、どすんと道の傍に腰を据ゑる。蚊々虎は、

『どれどれ、俺が見てやらう』

と右の手を額にあて、

『ヤア、おい出たおい出た。素敵滅法界に太い奴だ。向うの山からこつちの山まで、橋を懸けたやうになつてゐよるなあ。こいつは面白い。ドツコイ尾も頭も黒い大蛇峠。オイ駒さま、今日は一番槍の功名だ。いつもこの方さまが先陣を勤めるのだが、あまり厚かましうすると冥加が悪い。今日は先陣をお前に譲つてやらう。サア立たぬか、ハ、、腰を抜かして、胴の据わつとる駒山彦の宣伝使様か』

駒山彦『ナ、何だか足が重たくなつて歩けませぬわ。蚊々君、頼みだ。お前先へ行つてくれ』

『ドッコイさうはいかぬ、君子は危きに近づかずだ。飛んで火に入る夏の虫だ、アンナ長い奴にピンと跳ねられてみよ。それこそ吾々のやうな人間は、天に向つてプリンプリンプリンぢや。この方はプリンプリンプリンとやられた機みに、天教山までポイトコセーと無事の御安着だ。貴様達はお上りどすか、お下りだすかの口だよ』

淤縢山津見『刹那心だ、蚊々虎も屁古垂れたな。どれ私が責任を帯びて先陣を勤めませう』

と怯まず怖れず、どしどし進み行く。大蛇の横たはる数十歩前まで淤縢山津見は進みたるが、

『ヤア、あれだけ太い奴がをつては跨がるわけにも行かず、飛び越えることも出来ず、これやひとつ考へねばならぬなあ。蚊々虎妙案はないか』

『あるのないのつて、越えられるの越えられぬの、怖いの怖くないの』

駒山彦『どつちが本当だい。越えるの越えられぬのと、どつちが本当だい』

『まあ蚊々虎さまの離れ技を見てゐなさい』

と言ひながら、大蛇の前につかつかと進み、拳を固めて、大蛇の腹をポンポンと叩きながら、

『オイ、オイ大蛇の先生、同じ天地の間に生を稟けながら、なぜこんな見苦しい蛇体になつて生れて来たのだ。俺は神様の救ひを宣べ伝ふる貴き聖き宣伝使だ。貴様もいつまでもこんなあさましい姿をして、深山の奥に住ひをしてゐるのは苦しからう。日に三寒三熱の苦しみを受けて、人には嫌はれ、怖がられ、ホントに因果なものだナ。俺は同情するよ。これから天津祝詞を奏上してやるから、立派な人間に一日も早く生れて来い。その代りに俺たち五人を背中に乗せて、珍の国の都の見える所まで送るのだよ。よいか』

大蛇は鎌首を立て、両眼より涙をぼろぼろと落し、幾度となく頭を下げてゐる。

『よし、分つた。偉い奴だ。ここにをる四人の宣伝使は心盲だから、俺の素性をちつとも知らないが、貴様は俺の正体が分つたと見える。よしよし助けてやらう』

大蛇はまたもや両眼より涙を垂れ、俯伏せになりて、早く乗れよといふものの如く、長い胴体を三角なりにして待つてゐる。

蚊々虎は手招きしながら、

『オイ皆の奴、ドツコイ皆の先生方、早く乗つたり乗つたり。随分足も疲労たらう。大蛇先生、吾々一行を珍の国の都近くまで、送らして下さいと頼みよつたぞ。サア早く早く乗りなさい。乗りおくれるとつまらぬぞ』

一同は舌を巻きて、何とも言はず、呆然として佇立みゐる。五月姫は、

『御一同様、どうでせう、乗せて頂きませうか』

駒山彦は呆れて、

『これはこれは大胆な女だなあ。アンナものに乗せられて耐るものか』

蚊々虎は、ひらりと大蛇の背に飛び上り、手を振り足を踊らせて、平気の平左で宣伝歌を

歌ひ出す。五月姫はつかつかと走り寄つて、大蛇の背にひらりと飛び上りける。

駒山彦『ヤア女でさへもあの肝玉だ。エイどうならうと構ふものか。皆さまどうでせう、乗つてやりませうか』

淤縢山津見『よからう、正鹿山さま、どうでせう』

正鹿山津見『イヤ私も乗りませう』

と、ここに五人の宣伝使は、大蛇の背に飛び乗りたり。蚊々虎は、

『サア大蛇　大急行だ。走つたり走つたり。

大蛇の背に乗せられて　じや推の深いじや神らが

どうじやからうじやと案じつつ　珍の都へ走り行く

大蛇に乗つた蟇蛙　やがては珍の都まで

引かれて帰る蟇蛙　ホントに愉快じやないかいな』

蚊々虎は出放題に歌ひゐる。大蛇は蜿蜒と、前後左右に長大なる身体を振り動かしながら、勢ひよく山を下り行く。

（大正一一・二・一〇　旧一・一四　加藤明子録）

（第三二章～第三六章、昭和一〇・三・四　於綾部穹天閣　王仁校正）

○

冠を足にはきつつよろこびて
　沓をかしらにかぶる世の中

良き人はしひたげられて曲者の
　もてはやされる暗の世の中

第三七章　珍山彦（三八七）

大蛇の背に乗りたる宣伝使一行は、一瀉千里の勢ひで山麓に下り行きたり。駒山彦は得意顔にて、

『ヤア、馬には乗つてみい、人には添うてみい、大蛇には跨がつてみいだな。杏よりも桃が易い。割とは楽に来たよ。コンナことなら、これから大蛇に遇うてもちよつとも怖くはない。この行く先々に、山へかかれば的さんがやつて来てくれると、本当に重宝だね』

蚊々虎は、

『大蛇どの、もうよろし、ここでオロチて下さい』

見れば五人の宣伝使は、広き芝生の上に下されゐたり。そして大蛇は影も形も見えなく

なりてゐたりける。

『なんだ、夢だつたらうかな。現に今、大蛇に乗つた積りだつたのに、このやうな芝生の上に坐つてをるとは、一体全体 駒山には訳が分らぬわい』

『神変不可思議の神業だ。三五の教には、ドンナ結構なお方が落魄れてござるかも知れぬから、かならず侮ることはならぬとあるだらう。この蚊々虎さまはこのやうに粗末に見えても立派な神様だぞ。化けてござるのだよ。それだから大蛇であらうが、何であらうが、宇宙一切のものは、この蚊々虎さまの一言で自由自在になるのだ。風雨雷霆を叱咤し、天地を震動させるのも、吾々が鼻息一つで自由自在だぞ』

『また始まつた。オイ、もう吹くのは止めてくれぬか。お前の二百十日には駒山彦だよ』

淤縢山津見はアフンとして、

『合点のゆかぬは蚊々虎の神力だ。ヒヨツとしたら、こいつはお化けかも判らないぞ』

『お化けでも何でもいいぢやありませぬか。あのやうな大きな大蛇を自由自在に使ふなんて、吾々は到底、目から火を出して気張つたところで、石亀の地団太だ。ものにはならない、偉い方ですね。正鹿も感心しましたよ』

五月姫も、

『本当に感服しましたわ』

駒山彦はシヤシヤリ出で、

『「妾、本当に感服しましたわ」と、仰しやりますワイ。蚊々虎さま、おめでたう』

淤縢山津見も、

『今日まで蚊々虎　々々々と言つてゐたが、こりやどうしても宣り直さなくちやいけない。何とか名をあげませうかな』

正鹿山津見も呆れて、

『さうだなあ、大蛇を使つた神力によつて大蛇彦と命名たらどうだらう』

『大蛇彦は御免だ。珍山彦だ。珍山彦と言つてもらひたいね』

淤縢山津見も、

『ヤア、それは本当にいい名だ。それならこれから、珍山彦様と申し上げるのだねー』

蚊々虎『尤も、尤も。蚊々虎を改名しますよ』

五月姫『ホ、、、、、なんとはんなりとしたいいお名ですこと、妾、蚊々虎さまより、珍山彦様の方が気持がよろしいわ』

駒山彦は口を尖らして、

『ホ、、、、「なんといい名だこと、妾、蚊々虎さまより、駒山彦が好きだわ」とおいでたな、とは言はぬ「珍山彦様の方が好きだわ」ヘン、馬鹿にしてらあ』

正鹿山津見は、

『御一同様、話は途々伺ひませう。はるか東方に当つて小高き森がありませう。そこに田螺をぶちあけたやうに小さき家がたくさんに並んでゐませうがな。あの辺が珍の都です。サアもう一息だ。私の宅まで御足労になつて、ゆるゆると休息いたしませうかい。都近くなつた祝ひに、ここで一つ神言を奏上し、宣伝歌を歌ひながら参りませう』

と一同は芝生の上に端坐し神言を奏上し終つて、宣伝歌を歌ひつつ都を指して進み行く。

正鹿山津見は歌ふ。

『巴留の都を後にして　汗水垂らす夏の山
涼しき風に煽られて　心は秋の如くなり
樹々の梢の紅葉の　色にも勝る村肝の
身魂も清き宣伝使　珍山峠を乗り越えて
千引の岩に夜を明し　仰ぐも高き天雲山の

37　珍　山　彦

峠を越えて五柱　大蛇の船に乗せられて
漸うここに月の空　月照彦の鎮まりし
この高砂の神洲は　神の選みしうづの国
花の都も近づきて　心の駒は勇むなり
神が表に現はれて　善と悪とを立別ける
この世を造りし神直日　心も広き大直日
大野ヶ原を右左　眺めて通る心地よさ
向うに見ゆる白壁は　珍の都のわが住家
ただ何ごとも人の世は　直日に見直せ聞き直せ
蚊々虎さまの名前さへ　珍山彦と宣り直し
天津御神の貴の御子　大御宝と現はれて

世界を開く宣伝使　淤縢山津見や五月姫
勇む心の駒山彦や　夏の真盛り正鹿山
津見の命の五人連れ　誠の神に救はれて
漸う都へ着きにけり　漸う都へ着きにけり
朝日は照るとも曇るとも　月は盈つとも虧くるとも
たとへ大地は沈むとも　誠の神の教へたる
三五教は世を救ふ　救ひの神と現はれし
厳の御魂の五柱　瑞の御魂の月の影
尽きぬは神の御恵みぞ　尽きぬは神の御恵みぞ』

と節面白く歌ひながら、漸く一行の宣伝使は正鹿山津見の館に着きにける。

駒山彦『ヤア、宣伝使の住居にしては贅沢な構へだね』

珍山彦『決つたことだよ。珍一国の守護職だもの、当然だ』

門内よりは、あまたの下僕 蒼惶しく走り来り、

『これはこれは御主人様、ようこそお帰り下さいました。皆の者が、もう今日はお帰りか明日はお帰りかと、首を伸ばしてお待ち申してをりました。サアサアおくたびれでせう、早くお休み下さいませ。ヤア、これはこれは、いづれの方か知りませぬが、よく送つて下さいました。どうぞゆつくりと湯でも飲つて、寛いで下さいますやうに』

正鹿山津見は、

『オー、国彦か、よくまあ留守をしてくれた。御苦労であつたな。イヤ、御一同様、見苦しき荒屋でございますが、どうぞ御遠慮なくお上り下さいませ』

淤縢山津見も、

『仰せに従ひ遠慮なく休ましてもらひませう』

と、正鹿山津見の後に随いて、奥の間にドッカと安坐したり。

国彦は恭しく湯を沸かして持ちきたり、

『ヤー、御一同様、山道といひ、この頃の暑さといひ、さぞお疲労でせう。うけたまはれば、主人も偉いお世話になられたさうでございます。よくまあ生命を助けてあげて下さいました。今お湯がすぐに沸きますから、どうぞゆつくりと湯浴でもして、お寛ぎ下さいませ』

と、挨拶を終つて、部屋の方へ姿を消す。四人の宣伝使は打ち解けて、岩上に一夜を明かし、悪戯をされたことやら、大蛇に出会したるときの感想を語り、面白をかしくさざめきゐたり。

襖を開けて、正鹿山津見は、

『どうやらお湯が沸きましたやうです。皆さまどうでせう。一緒に這入りませうか』

珍山彦『そら面白からう、一緒に願はうかい』

『どうかこちらへ』

と、先に立つて行く。一同は浴槽の側に衣服を脱ぎ捨て、バサバサと一度に飛び込みぬ。

珍山彦『ヤアヤア、湯に入つた気分はまた格別だね。湯々自適とはこのことだ。ゆはぬはゆふにいや勝る。ゆうて見ようかゆはずにおこか。ゆはな矢張り虫がゆふ』

駒山彦『そら貴様何をゆふのだ。湯快さうに自分一人はしやいで』

『それでも湯快だよ。湯ぐらゐ結構なものはないぢやないか。お前は何とゆふことをゆふのだ』

と珍山彦、駒山彦の二人は湯の中で揶揄ひながら、ややしばし汗を流して、一同とともに湯を上り、元の間に引き返し見れば、山野河海の珍味佳肴が並べられてゐたり。一同はその厚意を感謝しながら、漸く夕餉を済ませける。

正鹿山津見を中心に、国魂の神を祀れる神前に向つて、天津祝詞を奏上し、宣伝歌を歌ひをはりて楽しみ話に耽り、その夜はくたびれはて、いづれもよく熟睡し、明る日の八つ時に各自目を醒し、またもや四方山の話に耽りゐたり。

（大正一一・二・一〇　旧一・一四　東尾吉雄録）

○

今の世は神の職の多けれど
知る人まれな神の真教

この道の光も知らぬ人草は
醜の魔風に靡き伏しつつ

第三八章　華燭の典（三八八）

一同は国魂の神前に神言を奏上し、讃美歌を唱へ終りて休息しゐたり。正鹿山津見は襖を押し開け入り来り、

『御飯ができました。どうぞ御上り下さいませ。何分長らく留守に致しておきましたのと、家内がないので不行届き、不都合だらけですけれど』

と挨拶を述べ、この場を立ち去りぬ。

珍山彦『皆の方々、今うけたまはれば正鹿山津見様は女房がないといふことだ。一国の守護職として宣伝使を兼ねられた忙しい身体、肝腎の女房がないとは気の毒でないか。ひとつ珍山彦が奥様を御世話しようと思ふがどうでせうな』

駒山彦は膝をのり出し、

『それは結構だな。適当の候補者の見込みがあるのかい』

『あらいでか、確かにあるのだ。吾々の御世話したいのは、女宣伝使の五月姫だよ。ナア五月さま、貴方は珍山峠の麓の岩の上で、正鹿山津見さまは誠に男らしい、立派な御顔付きの方だというてゐましたね、御異存はありますまい』

五月姫は黙つて袖に顔を隠す。駒山彦は言葉せはしく、

『そらいかぬ。お人が違ふではないかな。貴様はあれだけ惚れてゐたではないか。俺は貴様の奥さまに世話したいと思つてゐたのだ。ソンナ遠慮は要らぬ。遠い所からくすぐるやうに謎かけをせずに、「五月姫殿、珍山彦の女房になつて下さい」と、男らしくキッパリと切り出したらどうだい。奥歯に物の詰つたやうなことを言ひよつて、どこまでも図々しう白ばくれる男だな』

『このはなさまは故あつて女房は持たぬのだ。それだけは怺へてくれ。あんまり俺が洒落るものだから、本当にしをつて痛うない腹を探られて迷惑だよ。さうぢやと言つて、この可愛らしい五月姫が嫌ひだといふのではない。好きの好きの大好きだが、女房を持たれぬ因縁があるのだよ』

『オイ蚊々虎、ドツコイ珍山彦、その因縁を聞かうかい』

『お前に聞かせるやうな、因縁ならなに隠さう。こればかりは怺へてくれ。俺はまだまだ重大なる任務があるのだから』

淤縢山津見『ヤア珍山さま、貴方の事はどうしても吾々は合点がゆかない。丸切り天空を翔る蛟竜のごとく、千変万化捕捉すべからずだ。もう何事も言ひませぬ。貴方の御意見に任して五月姫さまを、此家の主人の奥様に推薦したいものですな』

珍山彦は、

『どうか貴方も御同意ならば、正鹿山津見さまにひとつ掛合つて見て下さいな』

淤縢山津見は「よろしい」といつてその場を立ち一室に行つた。

五月姫は顔を赤らめて俯きゐる。駒山彦は、

『これこれ五月さま、女にとつて一生の一大事、俯いてばかりをつては事が分らぬ。珍山さまにするか、正鹿山津見さまにするか、右か左か返答しなさい。御意見あらば吾々に、隔ても何もない仲だ、キツパリ言つて下さい。万々一両人の御方が気に入らねば、外に候補者もないことはありませぬよ。コーといふ頭字のついた人を御世話いたしませうか』

珍山彦は駒山彦の顔を眺めて、

『ウフ、、、』

五月姫は漸くに面を上げて、

『ハイハイ、正鹿山津見さまさへ御異存なくば』

珍山彦は手を拍つて、
『お出でたお出でた、願望成就、時到れりだ。ヤア、さすがは五月姫殿、天晴々々、よう目が利いた。それでこそ天下の宣伝使だ。思ひ立つたを吉日に、今日婚礼の式を挙げませう』
駒山彦『コラコラ、珍山彦、一方が承知したつて、一方がどういふか判りはしない。鮑の片想ひかも知れないのに、よくあわてる奴だな』
珍山彦『なに大丈夫だよ。猫に鰹節だ、狐に鼠の油揚だ、二つ返事で食ひつき遊ばすことは、請合ひの西瓜だ、中まで真赤だ。コレコレ五月姫さま、貴方も今までは押しも押されもせぬ一人前の女だ。男も女も同じ権利だつた、いはば男女同権。しかし今日から結婚したが最後、夫に随はねばならぬ。夫唱婦従の天則を守り、主人によう仕へ、家の中を治めてゆくのが貴女の役だよ。男女同権でも、夫婦同権でないから、それを忘れぬやうに賢妻良母の鑑を出して、三五教の光を天下に現はすのだ。広い世の中に、夫となり妻となるのも深い深い因縁だ、神様の御引合せだから、決して気儘を出してはいけませぬぞ。私が珍山峠で御話ししたやうに、どうぞこの花婿を大切にして、蓮の台に末永う、かならず祝姫の二の舞を踏まぬやうにして下さい。頼みます』

五月姫は涙をボロボロと零しながら、

『ハイ、何から何まで、貴方の御親切は孫子の時代は愚か、五六七の世まで決して忘れはいたしませぬ。貴方の御教訓は必ず堅く守ります。御安心して下さいませ』

『ナント珍山、貴様は変な男だねー。ホンニ合点のゆかぬ男だ。コンナ別嬪を人にやるなどと、ナントした変人だらう。が、しかし感心だ。この駒山だつたらとてもそこまで身魂が研けてをらぬからなー』

かく話す折しも、正鹿山津見は淤縢山津見に伴はれ、この場に現はれ丁寧に辞儀をしなが

ら、

『御一同様、いろいろと御世話になつた上、今度は結構な御世話を下さいましてありがたう。御恩の返しやうは、もうございませぬ』

と感謝の意を漏らしぬ。珍山彦は、

『あゝ結構々々、それで安心して吾々も宣伝に参ります。どうぞ幾久しく夫婦仲好くして、この神国を永遠に治めて下さい。一朝事ある時は、夫婦諸共神界の御用に立つて下さい』

と日ごろ快活な男に似ず、声を曇らして嬉し涙を零しゐたり。淤縢山津見は、

『ヤア、かく話が纏まつた上は、善事は急げだ。早く神前結婚の用意にかかりませうか』

ここに一同は家の子郎党とともに、盛大なる結婚の式を挙げける。一同は直会の宴にうつり、おのおの手を拍ち歌を歌ひ、感興湧くが如き折しも、番頭の国彦は襖を開きて、

『御主人様に申し上げます。只今エルサレムの聖地から松代姫、竹野姫、梅ケ香姫の三人

の御嬢様が、「御父様の住家はここか」と言つて、一人の供を連れて御出でになりました。
いかが取計らひませうか』

正鹿山津見は驚きながら、

『あゝ嬉しいことが重なるものだな』

一同手を拍つて、

『ウローウロー』

付　言

正鹿山津見は、聖地エルサレムの天使長なりし桃上彦なり。兄広宗彦、行成彦の神政を奪ひ、体主霊従の限りを尽し、地の高天原は為に混乱紛糾の極に陥り、その妻は病死し、自分は常世彦、常世姫のために、ある一時の失敗より追放され、三人の娘を後に残して住みなれし都を後に、一つ島に進むをりしも、暴風に逢ひ船はたちまち顛覆し、琴平別の亀に救はれ竜宮城にいたり、門番となり果てし折しも、日の出神に救はれ、この珍の都の守護職となれるなり。

このことを三人の娘は、神夢に感じてはるばるここに尋ね来れるなり。黄泉比良坂の坂の上において、黄泉軍を待ち討ちたまひし伊弉諾命の三個の桃の実は、すなはち桃上彦の三人の娘の活動を示されたるなり。

（大正一一・二・一〇　旧一・一四　外山豊二録）

○

神諭はきたりきたりと実現し
人の改心促し給へり

時つ風吹き荒ぶとも真木柱
立てし初めの心ゆるめな

醜草を薙ぎて放りて神国の
日本魂の松の種蒔け

日に月につもりし罪や穢をば
瑞の霊によりて清めむ

第六篇　黄泉比良坂(よもつひらさか)

第三九章　言霊解一（三八九）

『故ここに伊邪那岐命詔り給はく、愛しき我が那邇妹命や、子の一つ木に易へつるかも、と詔り給ひて、御枕べに匍匐ひ御足べにはらばひて、泣き給ふ時に、御涙に成りませる神は、香山の畝尾の木の下にます、御名は泣沢女神、故其の神去りまし伊邪那美神は、出雲の国と伯伎の国との堺、比婆の山に葬しまつりき』

伊邪那岐命は即ち天系霊系に属する神でありまして、すべての万物を安育するために地球を修理固成されました、国常立尊の御後身たる御子の神様でありますが、古事記にある如く、迦具土神が生れまして、即ち今日は、交通機関でも、戦争でも、生産機関でも火力ばかりの世で、火の神様の荒ぶる世となつたのであります。この火の神を生んで、地球の表現神たる伊邪那美命が神去りましたのであります。この世の中はほとんど生命がないのと同じく、神去りましたやうな状態であります。

そこで伊邪那岐命は、我が愛する地球が滅亡せむとしてをるのは、迦具土神が生れたからであるが、火力を以てする文明は、何ほど文明が進んでも、世の中がこれでは何にもならぬ。地球には換へられぬと宣らせ給はつたのであります。これが『子の一つ木に易へつるかも』といふことであります。

次に『御枕べに匍匐ひ御足べにはらばひて』といふことは、病人にたとへると、病人が腹這ひになつて死んだのを悔むごとく、病人と同じく横になつて寝息を考へたり、手で撫でて見たり、また手の脈をとつて見たり、足の脈をとつて見たり、どこか上の方に生きた分子がないか、頭に当る所に生気はないか、日本魂がまだ残つてはゐないかと調べ見給ひしところ、殆ど死人同様で、上流社会にも、下等社会にも脈はなくて、どこにも生命はなくなつてゐる。全く今日の世の中はそれの如くに暖かみはなく冷酷なもので、しかも道義心公徳心が滅亡してしまつてをるのであります。それで泣き悲しみ給ふ時に、その涙の中に生りませる神の名を泣沢女神というて、これは大慈大悲の大神様が、地上一切の生物を憐み玉ふところの同情の涙といふことであります。今日でも支那（中国）のある地方には泣女といふのがあつて、人の死んだ時に雇はれて泣きにゆく儀式習慣が残つてをるのも、これに起源してゐるのであります。

神去りました伊邪那美命は、これを死人にたとへて出雲の国と伯耆の国の境に葬られたと書いてありますが、出雲といふのは何処もといふことで、また雲出る国といふことである。今日のごとく乱れきつて、上も下も四方八方、怪しい雲が包んでゐるといふ事であります。伯耆の国といふのは、掃きといふことで、雲霧を掃き払ふといふことである。科戸の風で吹き払ふと言ふのもさうであります。即ち国を浄める精神と、曇らす精神との境に立たれたのであります。いはゆる善悪正邪の分水嶺に立つたものであります。実に今の世界は、光輝ある神世の美しき楽しき黄金世界になるか、絶滅するか、根の国底の国、地獄の世を現出するかの堺に立つてゐるのであります。

『比婆の山に葬し』といふことは、ヒ。は霊系に属し、赤い方で、太陽の光線といふ意義で、バ。といふのは、ハ。とハ。を重ねたもので、これは悪いことを指したものであります。即ち霊主体従と体主霊従との中間に立ちて、神が時機を待たせられたといふことであります。かくして伊邪那美命即ち地球の国魂は、半死半生の状態であるが、しかし天系に属する伊邪那岐命は純愛の御精神から、この地球の惨状を見るに忍びずして、迦具土神即ち火の文明が進んだため、かうなつたといふので、十拳剣を以て迦具土神の頸を斬り給うたのでありますと。十拳剣を抜くといふことは、戦争をもつて物質文明の悪潮流を一掃さるることで、いはゆる首を切り玉うたのであります。

この首といふことは、近代でいへば独逸のカイゼルとか、某国の大統領とかいふすべての首領を指したのである。即ち軍国主義の親玉の異図を破滅せしむるために、大戦争を以て戦争の惨害を悟らしむる神策であります。

『是に伊邪那岐命、御佩せる十拳剣を抜きて、その御子迦具土神の御頸を斬り給ふ。爾にその御刀のさきにつける血、湯津石村にたばしりつきて、成りませる神の御名は、石拆神、次に根拆神、次に石筒之男神、次に御刀の本につける血も、湯津石村にたばしりつきて成りませる神の御名は、甕速日神、次に樋速日神、次に建御雷之男神、またの御名は建布都神、またの御名は豊布都神、次に御刀の手上にあつまれる血、手俣より漏き出で成りませる神の御名は闇於加美神、次に闇御津羽神』

十拳剣即ち神界よりの懲戒的戦争なる神剣の発動を以て、自然に軍国主義の露国や独逸を倒し、カイゼルを失脚させ、そのとばしりが湯津石村にたばしりついたのであります。

この湯津石村につくといふことは、ユとは夜がつづまつたもので、ツは続くのつづまつたもので、要するに夜続くといふことになります。彼方からも此方からも、草の片葉が言問ひをいたしまして、彼方にも此方にも、種々の暗い思想が勃発して、各自に勝手な主義なり意見なりを吐き散らしまして、過激主義だとか、共産主義だとか、自然主義、社会主義がよいとか、専制主義がよいとか、いろいろなことをいふ意味になります。またイハといふことは、堅い動かぬ位といふことで、ムラは群がるといふ意義で、岩とは尊貴の意、村とは即ち下の方の人間の群といふことであります。所謂タバシリックといふのは、鳴り続いて上にも下にも種々雑多の思想や主義が喧伝されてゐることであります。即ち、たばしりついて生りませる神といふのは、生れ出ることではなくして、鳴り鳴りて喧しいといふことであります。

その神の御名を甕速日神といふ。

ミは体、カは輝くといふことで、体主霊従の神であります。樋速日神は霊主体従の神であつて、両者より種々なる思想の戦ひが起るといふことであります。即ち主義の戦ひであります。次に建御雷之男神は、直接行動といふことで、霊主体従国は言向平和神国であるから、めつたにありませぬが、体主霊従国などは皆々建御雷之男神であります。即ち露国のやうに、支那のやうに皇帝を退位せしめたり、すべて乱暴をするとか、焼討をするとか、暴動を起すとか、罷業、怠業するとかいふやうなことであります。

建御雷之男神は天神の御使でありますが、本文の言霊上から考ふれば、ここはその意味にはとれぬ、争乱の意味になるのであります。またの名は建布都神、または豊布都神といふのは善と悪の方面を指したもので、すべて善悪美醜相交はるといふことになります。即ちよき時には苦しみが芽出し、苦しみの時には楽しみが芽出してゐるといふやうなものであります。

世の中が混乱すればするほど、一方にこれを立直さむとする善の身魂が湧いてくるといふ意味であります。

十拳剣を握つてをらるる鍔元に集まる血といふのは、各自に過激な思想を抱いてゐるといふことで、血を湧かすことであります。即ち手のまたから漏れ出ることになります。この手のまたから漏れ出るといふことは、厳重な警戒を破つて現はることであります。闇於加美神といふことは、世界中の上の方にも、非常な過激な思想が現はれるといふことであります。

次に闇御津羽神のみつといふのは、水でありまして、下の方即ち民のことで、これも無茶苦茶な悪思想になつて、世の中がますます闇雲になるといふことであります。

この昔のことを今日にたとへて見ますと、独逸のカイゼルが失脚したのも、露国のザーが亡んだのも、支那の皇帝がああなつたのも、皆天の大神が十拳剣を以て斬られたのであります。かくのごとく神は無形の神剣を以て斬られるのであります。それで人間が戦ふことになるのであります。この殺された迦具土神のことを現代にたとへますれば、爆弾とか大砲とか、火器ばかりで戦ふのでありまして、弓とか矢で戦ふのではありませぬ。軍艦を動かすのも火の力であります。それで大神によりて火の神が殺されたといふことは、惨虐なる戦争が止んだといふことになるのであります。今回の五年に亘る世界戦争の結果は、迦具土神の滅亡を意味してゐるのであります。

（大正九・一一・一　於五六七殿講演　外山豊二録）
（大正一一・二・八　旧一・一四　谷村真友再録）

○

言行心一致のために朝夕に
神の御前に太祝詞宣る

第四〇章　言霊解二（三九〇）

『殺さえましし迦具土神の御頭に、成りませる神の御名は、正鹿山津見神、次に御胸に成りませる神の御名は淤縢山津見神、次に御腹に成りませる神の御名は奥山津見神、次に御陰に成りませる神の御名は、闇山津見神、次に左の御手に成りませる神の御名は志芸山津見神、次に右の御手に成りませる神の御名は、羽山津見神、次に左の御足に成りませる神の御名は、原山津見神、右の御足に成りませる神の御名は戸山津見神』

殺された火の神の頭に成りませる神はよい神ではない。即ち正鹿山津見神は強く尊い位置にある悪い神といふ意味であります。ヤといふことは、言霊上、ア行は天の声、ヤ行は人の声、ワ行は地の声、即ちヤは人の声、世界一般人種の衆口愚論で、マツミは魔積みでありますから、ヤマツミといふことは言論界に悪魔が住むといふ意味で、これが正鹿山津見神の起ることになります。頭に鳴りませるとは、即ち上の方はいらぬといふて、今日のデモクラシーのごとく、人類は平等に天の恵みを享くるといふ説で、階級撤廃などといふ思想が起るといふことであります。

次に『御胸に成りませる神の御名は淤縢山津見神』の胸といふのは、人間の身体にたとふれば、心臓や肺臓や乳の辺で、政治家でいへば、大臣とか、親任官とか、勅任官などが胸であります。即ちこれらの人々の思想が書いてあるのであります。下から種々な思想上の戦争が起つて、それに胸を痛めて、おどおどしてゐるから軍隊や、警察の力で圧迫脅威するといふ意味になります。

次に『御腹に成りませる神の御名は奥山津見神』といふのは、国民の中堅即ち中流社会といふことで、人体にたとふれば臍に当るのであります。

オは心、クは組むとか、苦しむとかいふことで、中流階級は中央に立つて、どうしたらよからうかと言うて、苦しんでをるのであります。即ち保守主義でも行かず、新しい主義でも行かず、その中を採つて、うまくやりたいといふ言霊上の意味になるのであります。

次に『御陰に成りませる神の御名は闇山津見神』といふのは、ほとは農業に従事する民で、人体にたとふれば陰部に当りまして、子を産み出す所であります。即ち農家といふことになります。この百姓は現在いかなる思想があつて、その意味が何であるかわからず、指導者によつてどうでもなることを意味してをるのであります。全く時の勢ひによつてどつちにもつく無定見な思想が、闇山津見神といふことになります。

次に『左の御手に成りませる神の御名は志芸山津見神』の、この左の手といふことは上の方の手といふことで、即ち政治家で、右の手は実業のことになります。すべて政治家は神の左手の役、実業家は右の手の役で、右の手で仕事をして、左の手で治めることになるのであります。志芸山津見神のシは水で、ギは神と国と重なりたる意味であります。さうすると政治家は精神文明に気がつかずに、精神教育よりも、物質の方に重きを置くといふ意味になります。今日は到る所に排日思想が起つてをりますが、この思想の問題は思想で抑へつけなければならぬのに、貿易の上にも圧迫を受け、軍備も彼方はよく整へてをるとなりますと、この方にも日本なれば八々艦隊を造つたり、陸軍を増したりして、国を護らうとしてゐる考への盛んな時のことを、志芸山津見神といふのであります。

次に『右の御手に成りませる神の御名は羽山津見神』といふのは、下々の百姓や労働者、実業家を指したものであります。即ち戦争が起れば人気が悪くなるかも知れぬが、米が高くなつたり、物価が騰つたりするから、米を貯へて置いて儲けてやらうとか、またたくさん品物を仕入れて置いて一儲けしようとか、どうしたら金が儲かるかといふことばかりを考へてをる。実に下の人民の真心が、乱れた利己主義といふことになります。

ハは開くといふことでありますがハヤマツミと続きますと、何か変動が起れば儲けたいといつて考へこむ意味で、即ち大火事があれば材木が騰るから、今の中にこれを仕入れてやらうとか、饑饉が来て百穀実らず、不作であつたら今の間に米をたくさん買込んでおいて一儲けしようとか、実に不都合な利己主義にかぶれて、何事か変動を待つてゐる魂を、羽山津見神といふのであります。

次に『左の御足に成りませる神の御名は原山津見神、右の御足に成りませる神の御名は戸山津見神』といふのは、この足は海外へ発展する考へを持つ人のことで、海外へ行くなら外国の思想を研究して来てやらう、外国は真の文明国だ、わが国は未開国だ。向方の国と親善をして談笑の裡に、国際間の紛擾を都合よく解決をつけたいといふ、即ち西洋文明に憧憬てゐるすべての学者の説が、左の足の原山津見神であります。

トヤといふのは外に開くといふことで、この戸山津見神は、移民とか、出稼とかいふことで、外国に移民を送るとか、外国は外国で移民排斥とか、種々の大問題が勃発することで、丁度今日の世の中によく似てゐるのであります。この移民といふことは、神代ではどういふ事を示されたものか判りませぬが、かういふ風に言霊的予言が示されてをるのであります。即ち吾が同胞が遠国の空で、排日のために悔し残念を耐へて、言ふに言はれぬ苦労をしてゐるのに国民が冷淡であるとか、政府は何をしてゐるかといふて、反対やら、不平やらを持ち出す、その状態を戸山津見神といふのであります。

『是に其妹伊邪那美命を相見まく欲して、黄泉国に追往でましき。爾ち殿騰戸より出向へます時に、伊邪那岐命語詔ひたまはく、愛しき我那邇妹命、吾汝と作れりし国、未だ作り竟へずあれば、還りまさねとのりたまひき。爾に伊邪那美命の答曰したまはく、悔しきかも、速く来まさずて吾は黄泉戸喫しつ。然れども愛しき、我那勢命入来ませる事恐ければ還りなむを。且く黄泉神と相論はむ。我をな視たまひそ。如此白して其殿内に還り入りませる間、甚久しくて待ちかねたまひき。故、左の御美豆良に刺させる湯津津間櫛の男柱一箇取闕きて、一火燭して入見ます時に、宇士集れ蘯きて、御頭には大雷居り、御胸には火雷居り、御腹には黒雷居り、御陰には拆雷居り、左の御手には若雷居り、右の御手には土雷居り、左の御足には鳴雷居り、右の御足には伏雷居り、併せて八の雷神成り居りき』

この御言葉は、地球上の霊魂なる大国魂の守護が悪いからかうなつたのであり、火の文明即ち物質文明の惨毒のために、かくのごとく世界がほとんど滅亡に瀕したのであります。

伊邪那岐命は霊で、伊邪那美命は体であります。この世の中は霊ばかりでもいけない、即ち霊肉一致でなければならぬのであります。我が日本は霊主体従の教を以て、世界の国魂を生かし、世界万民を安育させて行かねばならぬ国であります。世界を道義的に精神文明の徳沢を以て、全地球一切を愛撫するといふ至仁至愛の大御心から、日の大神が地球を完成したまふために、伊邪那美命に会見を申し込み、はるばると御降りになつたことであります。

『其の妹伊邪那美命を相見まく欲して、黄泉国に追往でましき』といふ、この黄泉国は死後のことをいうたのでなくして、今日の全世界の状態が黄泉国であります。そこで天から、本当の神様が下つて来て、岩戸の騰戸をば少し開いて見られたのであります。さうすると世界各国、戸が閉つてゐる。この戸といふことは閥の事でありまして、門閥だとか、政党閥だとか、資本閥だとか、学閥だとか、宗教閥などといふものが戸であります。

その戸を開けて、伊邪那岐命が曰れますには、『愛しき我が』といふことは、要するに地球の国魂も世界一般の人民も、森羅万象一切のものを皆愛したまひての御言葉であります。即ち霊系と体系と相俟つて、美しい世界を作らむとしたが、火の神いはゆる火力文明のために、世界は黄泉国と化つたのである。それで今一度元に還れといはれたのであります。この太元に還れといふことは、神の教に従つて神が改心し、国魂が改心し、人民が改心して、上下一致し、以て完全なる国を作らむとの意味であります。即ち地球上の悪の守護神に、改心してくれといふことになります。

そこで伊邪那美命は答へて曰るるには、『悔しきかも速く来まさずして、吾は黄泉戸喫しつ』とあります。これは残念なことを致しました。吾は黄泉戸喫した。モウ少し早く御注意下さらば、ここまで地球上の一切は腐敗せなかつたであらうに、今日となつては実に曇り切り、濁り切り、腐り切りた世の中で手のつけやうもない。往きも戻りも、上げも下しも、二進も三進もゆかぬ状態であるといふ意味であります。

即ち神も、吾も、人も、ともに皆汚されてゐることでありますから、天から誠の神が御出で下さいまして、地球が破滅せむとするのを直してやらう、完全なる天国を建設してやらう、と曰れますのは、誠に恐れ多い、尊い、忝い神の御言葉でありますから、私は国魂即ち世界一般の神人が改心すれば、と曰ふことを『還りなむ』と申すのである。しかしちよつと黄泉神と相談してみますから、それまで御待ちを願ひますと答へられたのであります。この黄泉神といふのは、現代の暗黒世界を支配してゐる各体主霊従国の主権者や、大統領といふことでありまして、相論ふといふことは、一応この事を相談してみませう、多勢に理を説いて聞かせて、その意見を聴いてみませうといふ事であります。

次に『甚久しく待ちかねたまひき』といふのは、この議論がちよつとや、そつとの間に纒まらずに、やれ物質主義がよいとか、金銀為本がよいとか、天産自給だとか、いろいろの議論があつて、二年や三年で尽き果てぬのであります。神様は今ぢや早ぢやというて、早く改心せよと、明治二十五年から言ひ続けに言はれて御急ぎになつてゐるが、黄泉神の議論はなかなか纒まらぬ、といふやうな意味であります。

（大正九・一一・一　於五六七殿講演　外山豊二録）
（大正一一・二・八　旧一・一四　谷村真友再録）

○

暗の夜を稜威の光に照らしつつ
　誠の道に進ませ玉へ
聖霊よわが言霊を諾ひて
　神の柱と使はせ玉へ

第四一章　言霊解三（三九一）

次に『左の御美豆良に刺させる湯津津間櫛の男柱一つ取り闕きて、一つ火ともして入り見ます時に』といふ、この左は上で、右は下であつて、左の方といふのは霊のかがみといふことであります。

湯津津間櫛といふのは、すべての乱れを解きわけるといふ意味で、奇魂のくしといふことになるのであります。この櫛の歯の一本を闕きて、その上に火を点して見られたものであります。即ち暗黒世界にちよつと霊の火をつけて見られた。一つ火は一つの目で、日本の日の丸の国旗といふことになります。この火といふものは、皆のものが明光を尋ねて慕ひ寄つて来るといふ意味になるのであります。即ち夏の虫が火を見て寄つて来るとか、また航海者が一つの燈台を見て常に港へ寄つて来るといふやうなもので、誠の神の霊智霊光の発動であります。

くしは明智を以て照らすといふことで、日の神の御光といふ意味になります。即ち日は天に一つしかないやうに、天津日嗣も、世界に一人しか居られないのであります。いはゆる日の大御神の御聖徳を輝かし奉るといふことが、一つ火といふ意味になるのでありまして、この日の大御神の大御心を以て、世界中を調べて見る、即ち日本の国の八咫の鏡で照らして見ると、蛆がたかつてとどろいてをつたのであります。人間の形をしてをつても、その心は蛆と同じであるといふことで、勝手気儘なことをしたり、また言つたりしてをるといふことであります。

次に『御頭には大雷居り』といふことは、頭即ち体主霊従国の主権者とか、大統領とかのことで、大きな雷とは、悪魔とか、また強い不可抗力とかいふことであります。よく人が叱られた時には、雷が落ちたと申しますが、他人数の中に天から雷が落ちたといふ意味であります。

それから『御胸には火雷居り』といふことは、言霊上、頭は天で、胸は大臣で、火雷とは、悪いことを考へてをるものがたくさんに潜んでゐることであります。これを火雷といふのであります。

次に『御腹には黒雷居り』といふことは、よく人の悪いものを指して腹黒いといふやうに、国民の中堅が悪に化つてをるといふことであります。

次に『御陰には拆雷居り』といふのは、国民にたとふれば、百姓とか労働者といふことで、拆くといふのは引裂くといふ意味であります。

次に『左の御手には若雷居り、右の御手には土雷居り』といふことは、即ち左の手は神であれば天津神であり、人民であれば上流社会といふことで、また右の手といふのまた若は神であれば地津神であり、人民にたとふれば下等社会といふことになります。また若雷の若といふのは本当に未だ熟せない、思想が固まらぬといふことで、富豪階級の青年とか、大学生とか、華族の令息とかいふ意味で、いはゆる上流社会の若者の精神行為が、荒れすさんでをるといふ事であります。次に土雷の土は百姓といふ意味で、地主と小作人との軋轢が絶間なくあるといふやうなことであります。

『左の御足には鳴雷居り、右の御足には伏雷居り』といふ、この鳴雷といふのは、日本でも外国でも、軍隊の中に鳴りわたる悪い思想が、空から下る大雷悪神のごとく、伝はつてをるといふ意味であります。右の足に伏雷といふのは、伏せてある悪魔といふことで、雷の中でも最も恐ろしいものであります。即ち人民にたとへると、悪化せる労働者とか社会主義者などといふことで、悪思想の労働者がダイナマイトやその他をもつて、破壊的陰謀を企てて、隠れて時期を待つてゐるといふやうな意味であります。実に今の世の中はこの通りになつてをるのでありまして、何千年前に書かれたものが今日によく適合してゐるのであります。

実にこの古事記はいつ読んでも適合するものでありまして、徳川時代にも適合すれば、現代にも適合し、将来のことにも当はまるもので、古今を通じて謬らざるところの実に尊き神文なる所以であります。

今日吾人が天下国家のために、上御一人の大御心を奉戴して、我が同胞を初め世界を覚醒し、以て天国浄土の安楽国を建設せむとする、真如の大活動を天下挙つて阻止妨害せむとするは、あたかもこの八種の雷神に攻撃されてをるのであります。

大本は一つ火、即ち霊主体従の神教を天下に宣伝するや、頭に生れる大雷なる大圧迫が大本の頭上に落下して、天下無二なる純忠純義の神諭の発行を禁止し、今日到る所に、大本信仰者に妨害を与へ、「神霊界」を購読せぬが汝のためだとか、「大正日日新聞」を読まないがよいとか、百方手を尽して、吾人至誠の行動を極力妨害しつつあるのは、頭に大雷鳴り居ると同様の意義であります。

次に『御胸には火雷居り』といふことは、今日学者階級とか、知識階級とか、大宗教家とかいふところの偽聖者が、こぞつて大本の出現を忌み嫌ひ、百方火のごとき激烈なる反対演説や、反対論を新聞や雑誌書籍等に掲載し、もつて天下の思想界を攪乱せむとする石屋の手先が、口の続くかぎり筆の続くきはみ、大々的妨害しつつあるは、即ち胸に居る火雷であります。大本の機関新聞、雑誌を教育家は読むなとか、軍隊内には入れてはならぬとか、吾人の正義公道の宣布を遮断せむとするは、いはゆる火雷居りといふことであります。

次に『御腹には黒雷居り』といふことは、大本の内部へ、ある種の野心家がある目的のために、表面信者と見せかけ、あらゆる利己的行動を企画して、神界より看破され、除名の処分を受けたものが、百方ありもせぬ事を、犬糞的に喧伝する悪人輩のたくさん潜伏してをることであります。現在の大本の内部にも、表面は熱心な信者らしく見せかけ、神様を道具に使って役員となり、各地の教信徒を籠絡しつつあるのも、いはゆる大本に於ける『御腹には黒雷居り』の意味であります。

　大本内部へ深く侵入し、神様を担ぎ出して自己利益のために蠢動する偽信者や、偽役員が蛆虫然として、平気な顔をして活動してをり、幹部の役員を、目の敵のやうに言ひ罵る不正者の現出し、または潜在しつつあるのは、即ち黒雷がをるといふことであります。

　国家にしても、またこれと同様である事を忘れてはならぬのであります。

　次に『御陰には拆雷居り』といふ意味は、これを大本にたとへると、青年の中に潜んでゐる不正分子が、種々の良からぬ言行を敢へてし、せっかく研きかけた善良分子までも悪化せしむる如き行動を採り、信者の信念力を一角から、破壊せむとするやうな下級の連中である。大本の基礎となり、将来の柱石となる連中の、悪化的行動がいはゆる拆雷をりといふことである。これを現代の国家に譬へますと、下級農民や労働者階級の不良分子の悪化的行動であります。

次に『左の御手には若雷居り』といふことを大本に於て対照して見ると、幹部の位置にある若手連中の誤解的行動である。あまり考へ過ぎ気を利かし過ぎて、間の抜けた言行を敢へてするのが、左の手の若雷であります。これを世界に対照すると、若年の士官や、法官や、大学生の、天地惟神の大道を無視する連中のことである。広い天下には三人や五人はないとも限らない。大本にも、一人や二人は、ないとも言はれぬのであります。

次に『右の御手には土雷居り』といふことは、これを大本内で譬へると、地方の若い信者や、青年の中の不良分子であつて、その言行は常に大本の経綸を、大々的妨害する連中のことであります。これを世界に譬へると、各地方に散在する労働者とか、工夫とか、小作人とかの不健全な分子の、不良な計画を企ててをる連中の悪行悪言であります。

次に『左の御足には鳴雷居り』といふことは、大本で言へば、悪社会と戦闘するところの言論機関をいふので、布教者や新聞社員等に当るので、その中に不良分子が混入して、一生懸命に尽力してゐながら、かへつて神界の御経綸の妨害してをるものの潜みゐると言ふことであります。これを世界に対照する時は、陸海軍の中にも種々の危険なる思想や主義が潜入してをるといふことであります。

次に『右の御足には伏雷居り』といふことは、これを大本で譬へると、「禍は下から」といふ譬の通り、神の道も人の道も何も分らぬ不良なる偽信者が、幹部から何か一度親切上から忠告を受けると、その親切を逆に感受し非常に立腹して、何か幹部の連中に欠点でもあつたらこれを発表てやらうと、自分の過失を棚へ上げておいて、上の役員ばかりを恨んでをる連中のやうなものであります。これを世界に対照する時は、政府顛覆の陰謀を企ててをるとか、爆弾を密造して、機を見て暴動を開始せむとか、常に考へてをる不良分子が世界には潜んでをる、といふ意義を指して、『右の御足には伏雷居り』といふのであります。

『是に伊邪那岐命、見畏みて逃還ります時に、其妹伊邪那美命、吾に辱見せたまひつ、と言したまひて、即ち予母都志許売を遣はしめて追はしめき』

教祖の御神諭に「神は世界の人民を助けて、松の世 神の世と立替へて、立派な水晶の世界に致してやり度いと思うて、三千年も世に隠れてをりたが、モウからして置いては世が立たぬやうに成りたから、神が表に現はれて三千世界を善一筋の五六七の神政に致して、神も、仏事も、人民も勇んで暮す、結構な神国の世に致して喜ばしたいと思うて苦労を致してをるが、神が思うたよりも非道い余りの曇りやうで、そこら辺りが汚うて、片足踏み込む処も、指一本突く場所もないとこまで腐りてをるから、神ゝ手の付けやうがないなれど、神は世界を助けたいのが、一心の願ひであるから、泥にまみれて人民を助けたさに、世に落ちて苦労艱難を致してゐるぞよ」との御言葉は、古事記御本文の『見畏みて』といふことである。

『逃げ還ります時に』といふことは、あまりの矛盾撞着に呆れられた事である。例へば至誠至忠思国の為に、日夜辛酸を嘗めてをる吾々に対して、かへつて危険人物扱ひをなし、布教先まで監視を付せられるが如きは、実に当局の本心なるかを疑はねばならぬやうになるのである。

斯様なる社会の矛盾に、神様も驚いて跣足で御逃げになるといふことが、『見畏みて逃還ります』といふ事になるのであります。

（大正九・一一・一 於五六七殿講演 外山豊二録）
（大正一一・二・九 旧一・一五 谷村真友再録）

第四二章　言霊解　四（三九二）

『其妹伊邪那美命、吾に辱見せたまひつと言したまひて、即ち予母都志許売を遣はして追はしめき』といふことは、以上の如くに乱れ果てたる醜状を、神の光なる一つ火に照らされ、面の皮を引剥られて侮辱されたと言つて、大本であれば、心に当る醜悪なる教信徒が一生懸命に、大本や教主に反抗するといふことであり、世界でいへば、ますます立腹して大本を圧迫し、窮地に陥れむとする人物の出現するといふことであるから、誠の教を開くといふことは、随分難しき事業であります。今日のやうな無明闇黒の社会に容れらるるやうな教なら、別に苦労艱難は要らぬ。四方八方から持て囃されるであらうが、そのやうな教なら、現代を覚醒し人心を改造することは出来ない。国家を泰山の安きに置き奉らむとするの志士仁人は、すべての迫害と戦ひ、すべての悪魔に打ち克ち、身をもつて天下に当るの勇猛心を要するのであります。黄泉醜女は決して悪い魔女のことではない。今日の人間は上下共に男も女も、八、九分通りまで醜女であります。どこにも一点の男子らしき、勇壮なる果断なる意気を認むることは出来ぬ。かういふやうな黄泉醜女らが、大本の一つ火の明光に照らされて、夏の虫のごとくに消しにきては却つて自分が大怪我をするのであります。今日の大本は四方八方から攻め立てられ、人民を保護すべき職にある人々までが、時には逆様に攻撃妨害を加へむとしてゐるのであります。これが大本を四方突醜目で見てをると言ふのであります。

然し至誠思国の吾々大本人は、あらゆるすべての圧迫と、妨害に打ち克つために、一つの力を貯へねばならぬ如く、世界に対しても我が国は、充分の準備を整へねばならぬ。即ち神典にいはゆる黒御鬘を投げ打つて掛らねばならぬのであります。

『爾伊弉諾命黒御鬘を取りて投げ棄て玉ひしかば、乃ち蒲子生りき』

これを今日の大本に譬へると、幽玄美しき神の御教を、天下に宣伝することを『投げ棄て玉ひし』といふのであります。『蒲子生りき』といふことは、美しき誠の新信者が出来たといふことであります。黄泉神醜女は、またこれに向つて一人々々に種々の圧迫妨害を加へるといふことが、『是を拾ひ食む』といふのであります。いづれの教子にも悉く四方突軍が御蔭を堕さしに廻つてをる。その間にまた一つの戦闘準備に着手することを、『逃げ出でますを』といふのであります。

『猶追ひしかば、亦其の右の御美豆良に刺させる、湯津津間櫛を引闕きて、投げ棄てたまへば、乃ち笋生りき』

蒲子ともいふべき信仰の若い信者を、片端から追詰め引落しにかけながら、なほもそれに飽き足らずして、大々的妨害を加へむとの乱暴には、神も終に勘忍袋の緒が断れたので、右の御角髪にまかせる湯津津間櫛を引闕きて、即ち神界の一輪咲いた梅の花の経綸を表顕して、あらゆる四方突醜女に向つて宣伝したところが、終に笋といふ上流貴紳の了解を得、至誠天に通じて、いよいよ大本の使命の純忠純良なることを、天下に知らるるやうになるのを『笋生りき』といふのであります。これは全地球上の出来事に対する御神書であれども、すべての信徒に了解の出来易いやうに、現今の大本と将来の大本の使命を引用して、説明を下したのであります。

『是を抜き食む間に逃行でましき』

またまた邪神の頭株が、大本のせつかくの経綸を破壊せむと、百方苦心しつつある内に、いよいよ神国の危急を救ふべき、諸々の準備を整へ、何時にても身命を国家に捧げ奉つて、君国を守るべき用意を整へて行くといふことが、『是を抜き食む間に逃行でましき』といふ意義であります。

『旦後には其の八種の雷神に、千五百の黄泉軍を副へて追はしめき』

これを大本に譬へて見ると、八種の雷（前に詳述）に加ふるに、社会主義者または仏教家、基督教徒などの、数限りなき露骨なる運動を起して、力かぎり攻撃の矢を向け来ることであります。これを世界に対照する時は、前述の八種の悪魔の潜在する上に、千五百軍即ちある国から、日本の霊主体従なる神国を攻めて来るといふことになるのであります。黄泉軍といふことは、占領とか、侵略とか、利権獲得とか、良からぬ目的のために戦ひを開く国の賊軍隊の謂ひであります。

『爾御佩せる十拳剣を抜きて、後手に揮きつつ逃げ来ませるを』

霊主体従の神軍は戦備を整へながら、即ち十拳剣を抜きながら、充分に隠忍して敢へて戦はず、なるべく世界人類平和のため、治国安民のために言向平和さむとする意味を指して、『後手に揮きつつ逃げ来ませる』といふのであります。

『其の坂本なる桃の子を三個取りて待撃ちたまひしかば、悉く逃げ返りき』

ヒラサカのヒの言霊は明徹也、尊厳也、顕幽皆貫徹する也、照智也、光明遍照十方世界也、日の朝也、大慈大悲五六七の神徳也。ラの言霊は、高皇産霊神也、霊系の大本也、無量寿の大基也、本末一貫也。サの言霊は⊙に事ある也、栄ゆ也、水の音也、水の精也。カの言霊は、蒙せ覆ふ也、光り輝く也、懸け出し助くる也。

以上ヒラサカ四言霊の活用を約むる時は、尊厳無比にして六合を照らし、世界を統一し以て仁慈を施し、霊系の大本神たる日の大神の本末一貫の徳と、万世一系の皇徳を備へ、⊙に変ある時は、水の精なる月光世に出で、皇国の栄えを守り、隠忍したる公憤を発して、駆け出し向ひ戦ひ、神威皇徳を世界に輝かすてふ、神軍の謂ひであります。

また坂本は神国の栄えゆく大元といふことであります。大本といふも坂本の意義である。桃は百の意義で、諸々の武士といふことであります。霊主体従日本魂の種子が即ち桃の実であります。『三箇取りて待ち討ちたまひし』とは日本男子の桃太郎が、智仁勇に譬へたる、猿雉犬を以て、戦ふといふことであります。猿は智に配し、雉は仁に配し、犬は勇に配するのであります。また三ツといふことは、変性女子なる三女神の瑞霊の御魂であります。そこで三ツの御魂即ち十拳剣の精なる神の教によつて、悠然として待ち討ちたまうた時に、黄泉軍はことごとく敗軍遁走してしまつたといふ意義であります。

『爾に伊邪那岐命、桃子に告り曰はく。汝吾を助けし如、葦原の中つ国に、所有うつしき青人草の苦瀬に落ちて苦患む時に、助けてよと告りたまひて、意富加牟豆美命といふ名を賜ひき』

ここにおいて日の大神様から、聖なる敬神愛国の団体や、三つの御魂に向つて、よく忠誠を尽し、国難を救うてくれたと、御賞めになり、なほ重ねて世界人民が戦争のために、塗炭の苦しみを受けるやうなことが、今後において万一にも出来したら、今度のやうに至誠報国の大活躍をして、天下の万民を救うて遣つてくれよ。汝にはその代りに、意富加牟豆美命と名を賜ふと仰せになつたのであります。このオホカムツミの言霊を奉釈すると次の如くであります。

オの言霊は、霊治大道の意である。
ホの言霊は、透逸卓出の意である。
カの言霊は、神霊活機臨々の意である。
ムの言霊は、組織親睦国家の意である。
ツの言霊は、永遠無窮に連続の意である。
ミの言霊は、瑞の身魂善美の意である。

これを一言に約むる時は、霊徳発揚神威活躍平和統一高照祥光瑞霊神剣発動の神といふことであります。即ち惟神の大道を天下に宣伝する至誠至忠の聖団にして、忠良なる国の柱石神なりとの御賞詞であります。ア、現代の世態に対し、神の大命を奉じて日本神国のために身心を捧げ、麻柱の大道を実行する大神津見命は、今いづこに活躍するぞ。天下の濁流を清め、妖雲を一掃し、災禍を滅ぼし、世界万有を安息せしむる神人は、今やいづこに出現せむとするか。実に現代は黄泉比良坂の、善悪正邪治乱興廃の別るる大峠の上り口であります。

（大正九・一一・一　於五六七殿講演　外山豊二録）
（大正一一・二・九　旧一・一五　谷村真友再録）

○

千年の緑をたもつ常磐木の
松のみさをにならへ神の子

第四三章　言霊解五（三九三）

『最後に其妹　伊邪那美命、身自ら追来ましき』

今までは、千五百の黄泉軍を以て攻撃に向つて来たのが、最後には世界全体が一致して、日の神の御国へ攻め寄せて来たといふことは、『伊邪那美命身自ら追来ましき』といふ意義であります。これが最後の世界の大峠であります。即ち神軍と魔軍との勝敗を決する、天下興亡の一大分水嶺であります。

『爾ち千引岩を、其の黄泉比良坂に引塞へて、……一日に千頭絞り殺さむと曰したまひき』

千引岩とは、非常に重量のある千万人の力を以てせざれば、びくとも動かぬ岩といふ意義であります。千引岩は血日国金剛数多といふ意義で、君国を思ふ赤誠の血の流れたる大金剛力の勇士の群隊といふことであつて、国家の干城たる忠勇無比の軍人のことであります。また国家鎮護の神霊の御威徳も、国防軍も皆千引岩であつて、侵入し来る魔軍を撃退し、または防止する兵力の意義であります。

『中に置きて、……事戸を渡す』といふことは、霊主体従の国家国民と、体主霊従の国家国民とは、到底融合親睦の望みは立たぬ。どうしても天賦的に、国魂が異つてをるから、神国のやり方、異国（黄泉国）はその国魂相応のやり方で、霊主体従国と体主霊従国とを立別けるといふ神勅が、事戸を渡すといふことであります。

天津日嗣の善一筋の政治や神軍の兵法は、体主霊従国の軍法とは根本的に相違してゐるから、一切をここに立別けて、霊主体従国は霊主体従国の世の持ち方、体主霊従は体主霊従の世の治め方と、区別を付けられたことであります。要するに神国の土地へは、黄泉軍の不良分子は立入るべからずとの御神勅であります。人皇第十代崇神天皇様が、皇運発展の時機を待たせ玉ふ御神慮より、光を和げ塵に同はりて、海外の文物を我が国に輸入せしめ玉ひし如く、いつまでも和光同塵の制度を、墨守することが出来ないので、断然として、事戸を渡さねばならぬ現代に立到つた如きありさまであります。事は言辞論説の意味で、戸は閉塞するの用であります。要するに日本は皇祖大神の御聖訓を以て、治国安民の要道と決定され、一切体主霊従国の不相応なる言論を輸入されないといふ意義が、即ち事戸を渡し給ふといふ事であり、これを夫婦の間に譬へますと、離縁状を渡して、一切の関係を断つといふ事であります。いつまでも和光同塵的方針を採るのは、吾々の今日の処世上に於ても一考せなくてはならぬ。悪思想や貧乏神には、一日も早く絶縁するが、家のためにも一身上のためにも得策であります。今日のわが国家も、一日も早く目覚めて、我が国土に不相応なる思想や、論説や、哲学宗教などと絶縁して、いはゆる事戸を立て渡したいものであります。

『伊邪那美命言したまはく。愛しき我那勢命如此為たまはば、汝の国の人草、一日に千頭絞り殺さむと曰したまひき』

黄泉大神の宣言には、吾々の愛慕してやまない、神国兄の国の神宣示を以て、かくのごとく黄泉国の宗教学説を排斥さるるならば、此方にも一つ考へがある。汝の国の人民の、上に立ちてをるところの頭役人どもを、黄泉軍の術策を以て、一日に千人即ちただ一挙にして、上の方の役人どもを馘つてしまつてやる。即ち免職をさせてみせようといふことである。

惟神の大道即ち皇祖の御遺訓によつて、思想界を統一せむとする守護神があれば、直ちに時代に遅れた骨董品格にして、役人の頭に採用せないのみならず、ただちに首を馘られてしまふから、伊邪那岐命即ち日本固有の大道を、宣伝実行することを避けむとする、利己主義のみが発達するのであります。

これみな黄泉軍、体主霊従魂の頤使に甘んずる腐腸漢ばかりになつてをる現代であります。

吾々は皇道即ち伊邪那岐命の神教、即ち天神天祖の聖訓を天下に宣伝し実行せむとするに当つて、黄泉の軍の体主霊従国魂の守護神から圧迫され、日々千人即ち赤誠の信者を、大本より離れさせむとして、黄泉神の手先が、百方邪魔をひろぐのも同じ意味であります。

たとへ日本の神の教が結構と知り、また大本の出現が、現代を救ふには大必要であることを、充分了解しながら世間を憚り、かつまた、旧思想家といはれ、終には現今の位置より馘られ、社会的に殺され葬られてしまふことを恐れて、世間並に至誠貫天的の社会奉仕の大本を悪評し、かつ圧迫するをもつて、安全の策と心得てをる守護神ばかりで、表面上大本の信者たる事を標榜するが最後、直ちにその赤誠人は軍人と言はず、教育家と言はず、会社員と言はず、馘られ職を免ぜられるといふことが、『一日に千頭絞り殺さむと曰したまひき』といふことになるのであります。

『爾に伊邪那岐命詔り玉はく、愛しき我那邇妹命、汝然為たまはば、吾はや、一日に千五百産屋立ててむと詔りたまひき。是を以て一日に必ず千人死に、一日に必ず千五百人なも生るる』

ここに伊邪那岐命は、吾が愛する那邇妹命よ、思想問題を以て日の御国を混乱せしめ、なほまた、今一致して武力を以て、我が国を攻め給ふならば、我にもまた大決心がある。吾は惟神の大道を発揮して、以て一日に千五百の産屋を立ててみませうと仰せられた。御神諭にある産の精神の人民、生れ赤子の心の人民を養成する霊地を、産屋といふのであります。

チ。は血なり赤誠也、霊主体従の意也、父の徳也、乳也、塩也。

イ。は結び溜る也、身を定めて不動也。

ホ。は上に顕はる也、太陽の明分也、照込也、天の心也。

ウ。は結び合ふ也、真実金剛力也、親の働き也。

ブ。は茂り栄ふ也、世の結び所也、父母を思ひ合ふ也。

ヤ。は固有の大父也、天に帰る也、経綸の形也。

以上のチ。イ。ホ。ウ。ブ。ヤ。の六言霊を納むる時は、神の血筋因縁の身魂が集り合ひて、赤誠の実行を修め、霊主体従の本領を発揮し、天の父たり、地の母たるの位を保ちて、仁恵の乳を万民に含ませ、大海の塩の如く、すべての汚れを浄め、すべての物に美しき味を与へ、腐敗を防ぎ、有為の人材一団となりて、吾が身の方向進路を安定し、以て邪説貪欲に心を動かさず、俗界の上に超然として顕はれ、大神の大御心を宇内に照り込ませ、太陽の明分即ち日の神国の天職を明らかに教へ覚し、至真至実の大金剛力を蓄へ、世界の親たるの活動をなし、上下の階級一つの真道に由りて結合し、日々に結びの力を加へ、終には世界を統一結合し、父母として万民慕ひ集まり、固有の大父なる国祖　大国常立神の御稜威を仰ぎ、天賦の霊性に帰りて世界を経綸し、以て三千世界を開発し、救済する聖場の意義であります。

要するに、地の高天原なる綾部の大本の神示の経綸は、即ち千五百産屋に相当するのであります。大本の御神諭には『綾部は三千世界の世の立替へ立直しの地場であるから、日の大神様の御命令によりて、世界の人民を天の大神の誠一つで此の世を治める結構な地の高天原であるぞよ』と示されてあるも、いはゆる千五百産屋の意義にして、生れ赤子の純良なる身魂を、産み育てたまふ神界の大経綸の中府であります。故に何ほど黄泉大神の精神より出でたる、過激的思想も侵略的の体主霊従国軍も、綾部に千五百産屋の儼存する限りは、如何ともすることが出来ないのであります。

またこれを文章のままに解する時は、一日に千人死して千五百人生れ出づる時は、結局人口は年を逐うて増進するゆゑに、これを天の益人といふのであります。天の益人は天下国家のために利益を計る、至誠の人の意味にも成るのであります。我が大本の誠の信徒は、皆一同に天の益人とならねばならぬ。また日本全体を通じて天の益人たるの行動をとつて、国家を開発進展せしめ、黄泉国なる国々にその範を垂れ示さねば、神国の神民たる天職を尽すことは出来ぬのであります。

今日社会主義や過激派にかぶれた国民が黄泉軍の眷属となり、大官連中に不穏なる脅迫状を送つたり、大本の幹部連中に向つて、同様の脅迫状が舞ひ込んで来るのも、千人を殺さむと曰したまひきの意味であります。米国加州の排日案が通過したのも、西伯利亜、満洲(中国東北部)、支那、朝鮮の排日行動も、排貨運動の実現も、各地の小吏が大本に極力反対し、かつ我が行動を妨害しつつあるのも、皆黄泉軍の一日に千人くびらむ、と曰し玉ひきの実現であります。

太陽面に、地球の七、八倍もある円形にして巨大なる黒点が出現し、約七万哩の直径を有し、吾人の肉眼を以て明視し得る如くになつてをるのも、日の若宮に坐す伊邪那岐命を、黄泉軍の犯しつつある表徴であります。またこの黒点が現はれると、その年および前後数年間は、従来の記録によつて調べて見ると、第一気候が不順で、悪病天下に蔓延し、饑饉旱魃等はたいていその時に現はれ、人心の騒擾極点に達する時であります。天明の大饑饉も、太陽の黒点と時を同じうして現はれてゐる。今日このごろの天候の不順も、またこの黒点の影響である、況んや今度のごとき、開闢以来未曽有の大黒点に於てをやであります。

ア、一天一日の太陽の黒点、果して何を意味するものぞ。伊邪那岐命の持たせ玉へる一ツ火の光も、半ば消滅せむとするには非ざるか。我らは一日も早く千五百産屋は愚か、八千五百産屋万産屋を建て、以て君国のために大活動を開始せざるべからざるを切に感ぜざるを得ないのであります。

『故其伊邪那美命を、黄泉大神と謂す。亦其の追ひしきしに由りて、道敷大神と号すと云へり』

○。○。○。

チシキの大神の言霊を解すれば、

チは血也、数の児を保つ也、外に乱れ散る也。

シはかへつて弛み撒る也、世の現在也。

キは打返す也、打ち砕く也。

これを一言に約する時は、あまたの児即ち千五百軍を部下に有し、血脈を保ち、外に向つて乱を興し、終に自ら散乱し、現在の世の一切を弛廃せしめ、以て正道を打返して、邪道に化し、至仁至愛の惟神の生成化育の道を打砕く、大神といふことであります。現代は国の内外を問はず、洋の東西を論ぜず、道敷の大神の最も活動を続行したまふ時であります。

『亦其の黄泉坂に塞れりし石は道返大神とも号し、塞坐黄泉戸大神とも謂す』

チカヘシの大神はウチカヘシの大神といふことであり、また邪道を塞ぎて邪神を通過せしめずといふ意義であります。古来町の入口や出口には、塞の神というて巨大なる石が祭つて在つたものであります。これも邪悪を町村内に侵入させぬための目的であります。吾人の家屋を建つるにしても、礎石を用ゐ、またその周囲に石を積み、または延べ石を廻らすも、皆悪鬼邪神の侵入を防止するの意義より、起元したものであります。今日の思想界にもこの大石がたくさんに欲しいものであります。

『故其の所謂黄泉比良坂は、今出雲国の伊賦夜坂となも謂ふ』

伊賦夜坂の言霊を解すれば、

イは強く思ひ合ふ也、同じく平等也、乱れ動く也、破れ動く也。
フは進み行く也、至極鋭敏也、たちまち昇りたちまち降る也、吹き出す也。
ヤは外を覆ふ也、固有の大父也、焼く也、失也、裏面の天地也。
ザは騒ぎ乱る也、⦿に事在る也、降り極る也、破壊也。
カは一切の発生也、光輝く也、懸け出し助くる也、鍵也。
イフヤザカの五言霊を約言する時は善悪正邪の分水嶺であります。男神の伊邪那岐命と女神の伊邪那美命と、互ひに自分の住し、かつ占有する国土を発展せしめむと、強く思ひ合ひて争ひたまふところは同じく平等にして何の差別もなく、ただただ施政の方針に大なる正反対の意見あるのみ。されど女神黄泉軍の御経綸は惟神の大道に背反せるが故に、遂に海外の某々の如く、ことごとく大動乱大破裂の惨状を露出したのは、近来事実の確証するところであります。

男神の神国は、日進月歩至極鋭敏にして、終に世界の大強国の仲間入りをなしたり。されどたちまち昇りたちまち降るの虞れあり。黄泉国の二の舞を演ぜざるやう、注意を要する次第であります。ヤは日本にして、どこまでも徳を積み輝きを重ねつつ、外面を覆ひ、以てよく隠忍し、天下の大徳を保ちて天下に臨むといへども、黄泉国の八雷神や、千五百の妖軍は何の容赦も荒々しく、焼也、天也の活動を成し、裏面の天地を生み成しつつあり。ゆゑに世界各国はほとんど騒乱の極みに達し、正義仁道は地を払ひ、⊙に事の在りし暴国なり。ここに仁義の神の国の一切の善事瑞祥発生して、仁慈大神の神世に復し治め、暗黒界を光り輝かせ、妖軍に悩まされ滅亡せむとする国土人民に対しては、身命を投げだして救助し、治国平天下の神鍵を握るべき、治乱興亡の大境界線を劃せる現代も、またこれ出雲の国の伊賦夜坂と謂ふべきものであります。（完）

（大正九・一一・一午前　於五六七殿講演　外山豊二録）
（大正一一・二・九　旧一・一五　谷村真友再録）
（第三七章〜第四三章、昭和一〇・三・四　於綾部穹天閣　王仁校正）

霊主体従　未の巻　終り

あとがき

一、第七巻までは各巻五十章ずつとして編集したものでありましたが、本巻以後は別にその制限を設けず随意編集することにしました。なお第六篇「黄泉比良坂」は瑞月大先生がかつて五六七殿において講演されました古事記の言霊解であります。

二、本巻は南亜米利加（高砂洲）における宣伝隊の活動状況を口述されたものでありまして、蚊々虎（後の珍山彦）という木花姫命の化身が面白おかしく、誠の道を説き諭す実況が巧みに描き出されてあります。

三、要するに栗原古城氏が「青い鳥のをしへ」の序文に、

『神のやうな霊智と、慈愛との極致に達した真の哲人が、吾々俗衆に向つて説法する時に

は、直接吾々に「斯くせよ」「斯くするな」と命令することはありませぬ。彼の為すところは、月の照るが如く、花の笑ふが如く、ともすれば雷霆の轟くが如く、狂飇の叫ぶが如くであります。彼の言ふところは、取留もなき一場の夢物語の如く、あるいは少年の喜ぶお伽噺の如く、それを受ける人の心によつては、全く何の意味もなさぬ架空談としか見えませぬが、敬虔の心を持して深く考慮する人の心には、真にこの上も無き霊性の糧であり、霊感の源泉なのであります。彼らは好んで高遠な思想を卑近な象徴に托し、迂路を辿つて吾々の心の眼を開かせやうとします。あるいはまた、彼らの思ひ邪なき心から無意識に湧出した言葉が、かかる深甚微妙の意味を備へて現はれます。いづれにせよ、吾らは彼らの「考へよ」と言つた形式に従つて考へねばなりませぬ。かうすれば吾らの心の眼が漸次開けていつて、彼らとおのづから霊犀相通じて、共に手をとつて楽しむところまで行けないとも限りませぬ』

とあります通り、「霊界物語」も全くこのようなもので、実に言語に絶した無限の意味があるものと信じます。すなわち吾々の工夫と修省とによっては、凶を変じて吉となし、禍いを転じて福とし、地獄の焦燥苦悩より、花笑い鳥歌う天国楽土へ無事到着することができるのであります。

大正十一年二月十一日

亀岡　瑞祥閣に於て　編　者

修補版第八巻のあとがき

修補版第八巻の刊行にあたっては、出口聖師校正本の、昭和七年本（同年十一月三十日刊）第八巻を底本として、昭和四十三年本（同年九月十八日刊）第八巻と校合した。

さらに昭和初期と現代とでは、国や教団内外をめぐる状勢、人権問題、用語用字などに著しい変遷がみられるので、それらの点を配慮し、一部に省略、いいかえなど字句の修補を行った。詳細については、第一巻修補版のあとがきを参照されたい。

刊行に際しては、三代教主のご裁定をいただいた。

昭和六十三年六月一日

大本教典委員会

霊界物語　第八巻

霊主体従　未の巻

大正一一年六月一五日　初版発行
昭和三四年九月二八日　普及版発行
昭和四二年二月一〇日　校定版発行
昭和六三年七月一五日　修補版発行
平成二三年四月一〇日　同四刷発行

著者　出口王仁三郎

編者　大本教典委員会
代表　田賀紀之

印刷兼発行所　株式会社　天声社

〒六二一－〇八一五
京都府亀岡市古世町北古世八二－三
申込所　株式会社　天声社
電話　〇七七一－二四－七五二三
振替　〇一〇一〇－九－二五七五七

ISBN 978-4-924501-24-9　定価はケースに表示してあります